《艺术之约》（美术卷）

主　编／音　渭　林　锜

艺术之约

Millet

米勒

徐颖　林锜　编著

山西出版传媒集团
山西教育出版社

图书在版编目（CIP）数据

米勒 / 音渭，林锜主编；徐颖，林锜编著. -- 太原：山西教育出版社，2015.9

（艺术之约）

ISBN 978-7-5440-5701-1

Ⅰ. ①米… Ⅱ. ①音… ②林… ③徐… Ⅲ. ①米勒，J.F.（1814-1875）-传记 Ⅳ. ①K835.655.72

中国版本图书馆CIP数据核字(2015)第054115号

艺术之约·米勒

（YISHU ZHI YUE MILE）

音渭、林锜 主编 徐颖、林锜 编著

出 品 人 雷俊林

策 划 人 孙 轶 魏雪萍

责任编辑 魏雪萍

装帧设计 王春声

出版发行 山西出版传媒集团·山西教育出版社

（地址：太原市水西门街馒头巷7号 电话：0351-4729801 邮编：030002）

印 装 山西臣功印刷包装有限公司

开 本 889×1194 1/32

印 张 7.5

字 数 116千字

版 次 2015年9月第1版 2015年9月山西第1次印刷

书 号 ISBN 978-7-5440-5701-1

定 价 28.90元

来赴一场艺术之约

（代序）

绘画是人类天生的艺术。人们从孩提时代，便懂得用简单的线条勾勒眼中的世界。

好花不长开，好景不长在，有人却能用画笔将一刹那定格成永恒；平凡的事，平凡的物，有人却能带人们发现它的美好，赋予其新的生命；有形的景，无形的情，有人却能将情感挥洒成动人心魄的色彩，唤起深深的共鸣。

这样的作品，这样的人，都是我们耳熟能详的。它们永恒地铭刻在人类文明史上，深植入我们的头脑，构成我们基本的常识。这套书，便是一封跨越世纪的邀请函，翻开它，来赴一场艺术之约。

它讲的是美术家的人生，同时用人生的河流串起每一处绝妙的风景，也就是他们的作品。他们的生命从哪里开始，他们有怎样的家庭、怎样的童年、怎样的爱情、怎样的病痛，又怎样成长、怎样探索、怎样谋生，那些伟大的作品又是在什么情况下诞生……你会在这里一一找到答案。

他们其实不是艺术圣坛上那一张张用来膜拜的画像，而是跟我们每个人一样，有血有肉，有哀有乐。米勒有一个温暖快乐的童年；雷诺阿生了一个成为20世纪著名导演的儿子；高更最先是一位从事金融业、收入丰厚的绘画“票友”；梵高直到生命的最后一年才卖出一幅画；毕加索情人无数，80岁时还迎娶了35岁的妻子；蒙克一生在亲人去世、病痛、烟酒、精神癫狂中度过，却活到81岁高龄……每一幅经典画作，不再是展览墙上的木框，而是与鲜活的生命相联系。你从未如此真切地感受那些线条与色彩是由怎样的双手来勾勒。

当这许多位美术家汇集到一起，又串起了一部美术史，他们是美术史的链条上最璀璨的珍珠。每一本书都不是孤立的，而是互相呼应，他们是自己的传主，同时又是其他传主的背景。有时，几位名家同时出现或前后承接，你会发现他们在时间和空间上竟如此相近。你仿佛徜徉在巴黎的卢浮宫，漫步在枫丹白露森林，沉浸在浓厚的艺术氛围中。你看到他们在塞纳河畔背着画夹写生，在学院的画室研究着比例与笔法，在街角烟雾缭绕的酒馆进行着思想的争鸣，在为参加各种沙龙而忙着选画、贴标签、装箱、布展……

你的美术素养不再停留在知道几幅画作、几个名字上，你与艺术的联系更加紧密。你会在一场美术展览中关注画作的派别和技巧，你会在子女接受美术教育时找出最经典的画作，你会在某个地方旅行时说出哪位美术家曾与你走过同一段路。

更重要的——你会更加深刻地感受到艺术的美好。面对安格尔的《泉》，你是否为少女洁白自然的胴体而赞叹？面对米勒的《晚钟》，你是否为农民的虔诚、宁静、纯洁而感动？面对雷诺阿的《煎饼磨坊的舞会》，你是否听到阳光在树叶的空隙中欢跃喧闹？面对梵高的《向日葵》，你的双眼是否被那火焰般的明亮点燃？

林　锜

2015 年 6 月于北京

目　　录

第1章 "我仁慈的主/保佑他吧/让他成为画家"

农民家庭的幸福与辛苦

在法国的最北端，面对着英吉利海峡，有一块伸进海洋的陆地，它就是著名的诺曼底半岛。在诺曼底半岛的尖端有个小村庄，它的名字叫作格鲁齐。格鲁齐是一个地地道道的农村，风景自然美丽，民风淳厚朴素，然而，小村庄因为贫穷而不免显得有些落后与荒凉。沿着小村庄的乡间小路往下走去，会看到四间矮小的农舍，其中那间有着茅草屋顶和高高的小窗的农舍就是我们的主人公——让·

米勒像

弗朗索瓦·米勒的家。

1814 年 10 月 4 日，让·弗朗索瓦·米勒诞生于法国诺曼底的格鲁齐乡村。米勒名字中的“弗朗索瓦”是父亲为了纪念阿西西的圣徒弗朗西斯而取的，它在法语中有“和平”的美好寓意。由此我们可以看出，米勒从一出生就注定这一辈子都要和宗教结缘，而事实上也正是宗教深深影响了米勒的人生态度和艺术理念的形成与发展。

米勒出生在一户贫穷的农民家庭，兄弟姐妹一共有 8 人，米勒排行老二，有一个只比自己大一岁半的姐姐，所以米勒理所当然就是家中的长子。虽然米勒一家的生活状况比较拮据，但是这个温暖的家庭绝对不缺失高尚的道德操守与良好的艺术理想，家人的优秀思想品质与良好的家庭氛围深深影响着小米勒的内心世界。

米勒的父亲——让·路易·尼古拉·昂利·米勒是当地教堂唱诗班的一名音乐指挥，他是一个文雅、安静、沉默、朴实的男人，而且心灵手巧，善于雕刻与陶艺，家中摆有不少父亲的闲来之作。父亲对自然景物和生活事物的敏锐感受以及良好的艺术修养也影响着小米勒对世界的感知意识和感知能力。

一天，小米勒正蹲在院子里玩耍，他拿着从地上捡起的树枝，小心翼翼地把泥土中的小虫子挖出来。“哈哈！抓住你了吧，看你还想往哪里跑！”小米勒兴奋地把正想往泥土深处钻去的小虫子揪了出来，用树枝挑着它，乐颠颠地朝正在一旁觅食的“咯咯咯”叫的小鸡跑去。他挖虫子是想把它们当作小鸡的晚餐。

诺曼底今日风光

“哇！爸爸，爸爸，你在干什么呀？”小米勒一转身，正巧看见坐在院子里的大树下的父亲。父亲正低着头，手里摆弄着些什么。

父亲似乎太过于专注手中的活儿了，他没有听见小米勒在叫他。父亲手里的小玩意儿引起了小米勒极大的兴趣，他赶忙跑到父亲身边，扯了扯父亲的胳膊：“爸爸，爸爸，你在做什么呢？”小米勒一眼就看见了父亲手中那个已经有了小狗模样的木头，“哇！爸爸，原来你在刻木头呢，真好看，好像真的小狗呀！”

“那等爸爸刻完了，就送给我们的小弗朗索瓦，好不好呀？”父亲爱怜地揉了揉小米勒那毛茸茸的小脑袋。

小米勒瞪大了眼睛，露出无比惊喜的神情：“真的吗？真的吗？我太爱您了！爸爸！哈哈！我有爸爸给我做的小狗啦！”

“小弗朗索瓦，你快来看看，爸爸刻的这只小狗像不像咱家的那只小狗呀？嘿嘿，爸爸就是照着咱家小狗的样子刻的。”

“真的吗？太好玩啦！竟然可以把咱家的小狗在木头上刻出来！我也想刻一只小狗！爸爸，你教我好不好？”小米勒眨着大大的眼睛向父亲乞求着。

“你还太小啦！小手还拿不住这么大块的木头，而且万一刻刀划伤了你的手可该怎么办呢？对了，你可以拿你的树枝在泥土上面画一只可爱的小狗嘛！”父亲指了指小米勒手中的树枝。那条本来挑在树枝上的小虫子早已消失得无影无踪，可是小米勒早就忘记了小虫子，现在他有更重要的事情要去做——去画小狗！

就这样，父亲每逢在放下农活的闲暇时间里，就会搬个小板凳，坐在院子里的大树下，拿着随手捡来的木头块儿雕刻着，依偎在父亲身边的小米勒渐渐地熟悉了猫、狗、花、草的形态，还有田间做农活儿的农民们的样貌。童年时的关于自然景物和生活事物的记忆对米勒以后的绘画创作起到了不可忽视的作用，父亲的启发也让米勒知道了可以把身边的小猫、小狗、大树、小草都刻出来、画出来。

米勒的母亲叫作埃梅·昂莉耶特·阿德莱德·昂利·米勒，她是一户比较富裕的农民家庭的女儿，从小就接受了良好的家庭教育，蕙质兰心，任劳任怨，操劳着整个家庭的饮食起居。就像著名教育家瓦·阿·苏霍姆林斯基说过的那样——“母亲是孩子的第一任老师”，母亲无疑是米勒学习的好榜样。每天，母亲都是全家最早起床的那一个，她要为全家人准备早餐；而每天她又是全家最晚睡觉的那一个，她要为孩子们缝补衣物，操持家务。虽然生活很艰难，虽然曾经是富农家的女儿，但是米勒的母亲从来都没有对苦难的生活抱有怨言，她默默地、心甘情愿地承受着生活的重量……米勒面对艰难的生活从不怨天尤人，而是坚强地挑起生活的重担，想方设法去适应生活的不顺利，靠自己的劳动与奋斗去解决生活中遇到的困难，这样的生活态度同米勒那勤劳朴实的母亲以身作则的教育方式密不可分。

还记得我们在前面提到过宗教对米勒的深远影响吗？那么我们就一定需要了解一下米勒的祖母——路易莎·朱梅琳，她可以说是对米勒的一生产生最大影响的亲人了。米勒的祖母是一位虔诚的基督教徒，清心寡欲，无欲无求，面对尘世的诱惑与污浊始终坚守着心灵的纯净和对信仰的忠诚。

这是一个星光灿烂的夜晚，屋内，祖母点了一盏昏黄的灯，拿着那本已经泛黄了的《圣经》在给小米勒讲着圣经故事，神情虔诚而安宁，声调缓慢而低沉。小米勒托着腮，趴在祖母的膝盖上，充满好奇地听着。

“我的小弗朗索瓦啊，你知不知道是上帝创造了我们生活的这个世界？我们要常心怀感恩呐，要先成为个好人，再去做事情，你知道吗?”祖母慈爱地抚摸着小米勒的脸蛋，认真地对小米勒说道。

小米勒重复着祖母的话，喃喃自语：“嗯，要先成为个好人，再去做事情。”或许那个时候小米勒还并不能真正理解祖母这句语重心长的话中饱含的期待，但是这句话却一直埋藏在小米勒的心底，这也成为米勒一生的信条，面对人生中的诱惑，米勒从未动摇过这个最基本的、深深扎根在他心底的信条。

渐渐地，夜深了，祖母小心地合起手中的《圣经》，闭上眼，双手合十，虔诚地祈祷了一会儿，然后关了灯，轻轻地在小米勒的额头上吻了吻：“我亲爱的小弗朗索瓦，快去睡觉吧。”等到清晨起床，祖母又会轻轻地在小米勒的耳边呢喃：“我的小弗朗索瓦，起来吧。如果你知道鸟儿歌颂圣地的光荣有多长时间该有多好……”

就这样，久而久之，耳濡目染，《圣经》成为米勒爱不释手的文学读本，而基督教也成为影响米勒一生的虔诚信念。

从米勒出生到长成为小小少年的这段时间里，正是法国历史上的动荡时期。在1815年的时候，拿破仑在滑铁卢战败，被迫宣布退位。随后，路易十八复辟了波旁王朝。

1830 年 7 月，法国七月革命爆发，建立了七月王朝。因为战争的需要，法国众多青壮年劳动力都被征到战争前线参战，而大部分家庭中的田地则无人耕种，连年的战乱，使得贫困、饥饿、疾病接踵而来，格鲁齐也难以幸免。

拿破仑·波拿巴（1769—1821），他是法兰西第一共和国执政、法兰西第一帝国皇帝，是一位卓越的军事天才，创造了一系列的军事奇迹。拿破仑执政期间的法国经过多次对外扩张，曾经占领过西欧和中欧的广大领土，形成了庞大的帝国体系。1815 年，拿破仑在滑铁卢之战中失败，这次失败标志着拿破仑帝国的彻底覆灭。战败后的拿破仑被流放到圣赫勒拿岛，后于 1821 年病逝，直到 1840 年，其尸骨被迎回巴黎，安葬在塞纳河畔的荣誉军人院。

路易十八（1755—1824），法国国王，其哥哥是被送上断头台的法国国王路易十六。1795年，路易十八被奉为法国国王继承人，但是由于法国政权此时落入拿破仑之手，所以路易十八自登基后便流浪至欧洲多个国家。直至1815年，拿破仑在其人生的最后一个战役——滑铁卢战役中战败后，路易十八才得以回到法国，复辟波旁王朝。

无奈之下，小米勒早早地就承担起家庭劳动力的担子，和父亲一起在田间劳作。锄草、犁地、播种、施肥、收割、晒麦……米勒样样拿手，是个合格而优秀的“小庄稼汉”。

这是无数个流汗的日子中普通的一天，骄阳下，小米勒的额头不断渗出一大滴一大滴的汗珠，他卖力地挥动着手中的锄头。有的时候小米勒真的很想扔下沉重的农具，头也不回地跑出去玩儿，可是一想到父亲这么辛苦地支撑一大家子的生活，他就只能坚持再坚持，手也被粗糙的农具磨出了血泡，皮肤也被烈日晒伤，还被田地中不知名的虫子咬得满腿是包，可是小米勒还是毫无怨言，为家里能够得到更多的面包而坚持着。

父亲在一旁看得很心疼，他也很不忍心让才十几岁的小米勒来做这么粗重的农活儿，但是为了这个家，他也只有隐藏自己的担忧与愧疚。但最终他还是忍不住了："我的小弗朗索瓦，歇一会儿吧！爸爸实在对不起你，这么大热的天儿，还让你出来和爸爸一起干农活……你还太小……"

听到父亲如此歉疚的话语，小米勒又是觉得委屈，又是觉得愧疚，又是满心的感动，他扬起晒得发红的脸："爸爸！您没有对不起我，我是家里的大儿子，当然要和您一起努力，不能让妈妈、祖母、姐姐、弟弟妹妹们饿着肚子啦！"说着他迅速地抹去脸上的汗水，继续一锄头一锄头地耕作着。

远远望去，在广阔的田地里，一位高大健壮的父亲和他那还尚未成年的儿子，一高一矮，并肩为生活奋斗着、坚持着。一阵风吹过，郁郁葱葱的大树沙沙作响，为米勒父子带去了烈日下的一份清凉，也为他们带去了收获的希望。祈祷着，祈祷着秋风的到来，在这片米勒和父亲洒过汗水的土地上吹起层层金色麦浪……

法国七月革命，是发生在1830年7月法国的一场推翻波旁王朝的革命，建立的新王朝即“七月王朝”。此次革命发生的背景是经历法国大革命的法国人民无法忍受波旁王朝的专制统治，于是爆发了七月革命，它意味着法国大革命后法国的民族主义及自由主义浪潮日益高涨。

畅游在文学的海洋

在米勒上学的时间里，他的语文成绩常常能够得到优秀，写的作文也常常会被老师当成范文读给班里的同学听。但是一遇到数学题，我们的小米勒就苦恼得不知所措了。的确，米勒的科学知识是比较贫乏的，他对数学一类的科学知识没有什么兴趣，就像他自己所说的那样：“我对减法或进一步的公式一窍不通。”

这天，像往常一样，小米勒正坐在教室里上课。

“弗朗索瓦，你知道该怎么去解这道数学题吗?”讲台上，米勒的老师在向小米勒发问。

“我……我……老师……”小米勒一手挠着头，一手搓着衣角，小脸憋得通红，“对……对不起……老师……我不会解……这道题……”

米勒的老师听到米勒的这番回答，有些生气：“怎么回事?这种类型的题目我昨天已经讲解过了啊，你怎么还是不会做呢?赶快坐下吧，我再来讲解一遍。”

终于下课了，因为感到羞愧而面红耳赤的小米勒把头深深地埋了下去，他也不知道为什么自己对数学一点儿兴趣也没有，为什么那么多的题目他都不会做，一看到那些复杂的算式就十分头痛。

“丁零——丁零——”上课铃又响了。小米勒忽然意识到这节课是语文课，顿时脸上的阴云消失得无影无踪：“这节课是语文课耶！哈哈！我最爱上语文课了，不像数学课让我惧怕到不行……不知道这节课，语文老师会给我们讲谁的诗歌呢?嘿嘿，好期待呀!”一想到这里，小米勒赶紧坐直了身体，好奇而开心地等待老师来上课。

“今天我们要学习的是古罗马诗人维吉尔的田园诗。”这下可乐坏了小米勒，这可是他最爱的诗人啊！语文老师接着试探性地问道：“有没有哪位同学可以背诵一小段维吉尔的诗歌呢？”

小米勒当然不会轻易放过这个机会。他把手举得老高，希望老师一定要看见自己：“老师！我！我会背！”

“哇！弗朗索瓦真踊跃，那你来背背看吧。”

于是，小米勒站起来，自信满满，倒背如流——

“是那巨大的阴影探索着原野的时刻/此时四周和远方的农舍都炊烟袅袅/巨大的阴影从高山之巅坠落了……”

当小米勒背完整首诗时，全班响起了热烈的掌声，老师也惊喜得直夸小米勒。小米勒害羞得又红了脸，心里却是甜滋滋的。

小米勒常常会坐在院子里的大树下，津津有味地读着摊在膝头的诗集，或躲在阁楼上，坐在一堆书籍里，如饥似渴地读书。荷马、莎士比亚、拜伦、歌德、维克多·雨果、夏多布里昂……对于这些诗人、作家的作品，米勒从来都是如数家珍。

这天，到了午饭的时间，米勒的母亲已经把食物准备好了，可是正当大家要开始吃饭的时候，母亲忽然意识到小米勒不在，就大声喊道：“弗朗索瓦，快来吃饭啦！”可是母亲并没有得到回应，“这孩子，在哪里呢？怎么不回答我呀？弗朗索瓦——你有没有听到妈妈在叫你吃饭啊？”母亲边念叨边把家中的几间屋子都找了个遍，可是还是没有找到小米勒，于是母亲又跑到院子里朝外面大喊了几声：“弗朗索瓦——弗朗索瓦——”结果依然没有得到回应。

这下米勒的母亲可有些着急了，她自言自语道：“该不会是在外面玩还没有回来吧，可是这孩子从来不会乱跑出去玩儿呀，如果出去也会提前和我打声招呼的。”母亲有些担心，她不能确定米勒是不是发生了什么意外。于是，米勒的父亲和母亲让祖母带着孩子们先在家里吃饭，他们俩去找米勒。“弗朗索瓦——弗朗索瓦——”田地里响遍了父亲和母亲焦急的呼唤声。

终于，当母亲找到屋后的小山坡时，她发现小米勒竟然正坐在大树下忘我地看着书！“弗朗索瓦！”母亲失声叫了出来。小米勒一惊，赶紧回头，却只看见母亲一张快要哭的脸和父亲被汗浸湿了的衣衫，他顿时意识到一定是自己看书太过专注，没有听到母亲的喊声，让他们着急了。“对不起……妈妈……对不起……爸爸……我没有听见你们叫我……对不起……”米勒十分抱歉地低下了头。

米勒的母亲和父亲实在是又气又吃惊又歉疚，气的是米勒这样不声不响地跑来这里看书，让母亲还以为米勒发生了什么意外；吃惊的是米勒竟然在这么炎热的天气里，独自一人在大树下看书看得如此专注；歉疚的是因为家中贫穷，必须让米勒帮助父亲干活儿以减轻家中负担，但是这样一来，米勒就没有多少自己的时间可以用来读他热爱的书籍了。母亲拉着小米勒的手，安慰他说：“没有关系，你没有对不起爸爸妈妈，是爸爸妈妈对不起你……好了，你没事就好了，我还以为你发生了什么意外……唉，快跟我回家吃饭吧，吃完饭再看吧，今天下午就别和爸爸去耕地了，在家看书吧。”

小米勒经常这样忘我地读书，常常忘记了时间，常常听不到外界的声响。他尽情而专注地畅游在书籍的海洋里，通过一本本小小的书去感受小村庄外面的大大的世界。

米勒是一位忠实而优秀的读者，真正践行了“活到老，学到老”，他一生都在坚持不懈地读书。同时，米勒对于文学的热爱并不是一股脑儿的不分青红皂白的热情，而是有所选择和倾向的。比如，对于后来为年轻人狂热追逐的浪漫主义诗人德·缪塞，米勒有一番自己的评判：

“缪塞唯一能做的事情，就是给人以狂热。他的思绪可爱而充满幻想，但中毒很深。他只会不抱任何希望，丢弃一切向往，然后一蹶不振。等狂热过去，人也就衰弱下去了。就像久病复原的病人那样，他需要的是新鲜的空气、阳光和星星。”米勒觉得缪塞的诗太过矫情，浪漫得过了头，只顾仰望星空，而忘记了脚踏实地，容易让人抛弃现实世界去追求所谓的虚幻的热情。他痛斥这种无病呻吟、矫揉造作的泛滥了的浪漫，认为病态、灰暗的情绪会阻碍人的前进。米勒爱的是厚实、沉静的古典文学，情感丰富而不虚假，只有当文学对人精神世界的影响真正体现出来，文学才是最有价值的。

因为酷爱文学，良好的文学修养让米勒的精神世界更为深情、丰富，沉静、朴实、纯粹的品性在读书的日子里渐渐养成。米勒所钟爱的古典主义文学提倡学习传统古典作品的艺术，提倡汲取传统理论的精华，这种崇尚古典的倾向也促进形成了他那厚实、虔诚的画风。

素描，在绘画术语中是指一种以朴素的方式去描绘事物的画法，通常以单色的笔触，用点、线、面来塑造绘画形象。良好的素描训练可以提高作画者的绘画能力，是绘画艺术实践中的必经之路。素描不仅可以是画家笔下表达创作思路的草图，也可以是一种独立的艺术表达形式，比如很多伟大的画家的创作草图本身就是不可多得的伟大的艺术作品。

初显绘画天赋

米勒的绘画天赋从小就可见一斑，他在17岁时就画出了《牧羊人在看守他的羊群》，以及一幅画着一位风烛残年、饱经风霜的驼背老人的炭笔素描。很可惜的是，由于年代久远、材质限制，又或者是因为那时米勒只是一个农家的孩子，没有什么名气，这些画作最终都没有保留下来。

我们知道米勒的祖母常常给米勒讲《圣经》故事，那些英勇、动人的故事深深吸引了他，可是他不知道该用什么方法去将这些魅力无穷的故事表现出来。

有一天，米勒正抱着祖母那本书页已经泛黄的《圣经》津津有味地读着，不经意间，夹在《圣经》中的一幅小插图闯入了他的视线——那是一幅为《圣经》中的故事所配的插图。米勒灵光一现，拍着脑袋："对啦！我为什么不把这些故事用笔画出来呢?"

于是，米勒找来上课写字用的铅笔和纸，迫不及待地画了起来。那个时候，米勒还完全不懂构图、线条、色彩等等这些专业的绘画技法，他只知道要把心中对于祖母所讲的《圣经》故事的理解用图画的形式展现出来。米勒专心致志地画着，很奇妙的是，米勒并没有因为不懂画画而什么都画不出来，反而很快就画好了，就这样，他将祖母口中的一个个《圣经》故事变成了飞舞在画纸上的图像。拿着自己第一次画出来的图画，米勒又激动又兴奋，他小心翼翼地把画放好，想要等祖母晚上回来的时候拿给她看。

到了晚上，祖母照例为米勒讲《圣经》故事。米勒一直很紧张，他担心自己画得不好，而祖母又是那么虔诚的基督徒，万一祖母不高兴该怎么办，所以米勒一直没有把下午自己画的画拿出来给祖母看，他把画藏在枕头底下，一觉睡到了天亮。

白天，米勒去上学了，祖母在家中打扫屋子，当祖母整理米勒的床铺时，她无意中发现了藏在枕头下面的画，画中画的正是祖母讲给米勒听的《圣经》故事！祖母又惊讶又感动，惊讶的是她没有想到她亲爱的弗朗索瓦竟然有这么好的绘画天赋，感动的是她亲爱的弗朗索瓦竟然把她讲的《圣经》故事深深地记在了心底。

等到晚上，米勒放学回来了，他一进家门就看到祖母正坐在桌子旁边，手中拿着他昨天画的画，面色比较严肃。米勒心中一沉，“完了，完了，奶奶一定是觉得我画得太糟糕了……”

“我亲爱的弗朗索瓦，放学了呀。”祖母的思绪像是刚刚从什么地方拽回来一样，似乎有些心事，“这是你画的画吗?”祖母晃了晃手中的画纸。

“嗯……奶奶……是……是我画的……我画的不太好……我没有把耶稣画好……对不起……”米勒结结巴巴地不敢直视祖母的眼睛。

“傻孩子，快过来，奶奶觉得你画得太好了！你真有绘画天赋啊！以后想不想当个画家?”

“画家……那离我太遥远了……虽然我很想当一个画家……只是没有老师教我画画……”

“唉，我没有什么绘画的知识，也没有什么钱，真的不知道该怎么帮你实现成为一名画家的梦想啊……”这其实就是祖母一整天在思考的问题。祖母一想到自己不能为她的弗朗索瓦做些什么就感到焦急和失落：“唉……我只能每天为你祈祷啦。”

于是，每天晚上睡觉前，祖母都会为她心爱的孙子虔诚地向上帝祷告：“我仁慈的主，保佑他吧，让他成为画家，实现他的艺术梦想吧……”

从画了一幅关于《圣经》故事的画的那个下午开始，埋藏在米勒身体里的绘画欲望就变得一发不可收拾。白天，在田间劳作的休息间隙，或在家人睡午觉的时候，米勒就跑到田间地头，用树枝在潮湿的泥土上面画画，画树、画房子、画劳动着的乡里乡亲。米勒对自然有着十分敏锐的感受：鸡鸭的“叽叽嘎嘎”、纺车的“吱吱唧唧”、教堂钟声的“当——当——”、风吹过谷地的“沙沙沙沙”……春天，山坡上花草一点点地生长，变绿变鲜艳；夏天，繁茂的枝叶的绿像快要滴下来了，就像在地里劳作的农民额头上的汗水不住地往下流一样；秋日，叶子随风起舞，和着田间层层麦浪舞起一支支绚烂的乐章；冬日，白雪皑皑，银装素裹……错落有致的农舍掩映在茂密的丛林中，在清晨、正午和傍晚时分总是会不时地飘出袅袅炊烟，那是妻子在为劳作一整天的丈夫和年幼的孩子们做饭。农夫们扛着锄头在田野里劳动，或挑着箩筐行走在乡间小路上，农妇们忙着洗衣做饭，身后是调皮可爱的孩子们在玩耍，年轻的姑娘在大树下做着针线活儿，小狗们在院子里咬着自己的尾巴乱跳，鸭子们在水面上悠然自得地游着……这大自然的一切都成为米勒眼中的独特风景，这小村庄美丽的自然万象和勤劳的乡亲们的劳作身影丰富着米勒的情感世界，也为米勒今后的绘画创作提供了宝贵的素材。

然而，由于家里比较贫困，每天都要为最基本的衣食操劳不休，更别提什么画笔颜料了，于是米勒就把家中院子里那棵大树的枝条放在火中烧，就变成了很好的炭条，十分适合绘画。没有画纸，米勒就在地上、在墙上画画。米勒也没有机会去跟老师学习专门的绘画知识，其实这种念头在米勒的心底埋藏了很久，但是懂事的米勒深知自己的家庭并不宽裕，不可能担负起自己学绘画的费用，而且自己还需要帮助父亲做农活儿以便减轻家庭负担，所以米勒压抑着内心强烈的学绘画的欲望，一直都没有和父亲谈起过。但是，作为父亲怎么可能没有察觉到孩子的愿望呢？只是生活无奈罢了。这位责任感很强的父亲一直在家庭生活和儿子的才华发展这两者之间挣扎着。

终于，有一天，父亲把米勒叫到身边，用十分坚定的语气对米勒说："你不用帮我种地了，我可以把你送到市镇上去，跟着老师学习绘画。"

米勒听到这突如其来的消息，一时间说不出话来："爸爸……我……您……您怎么知道我想去学画画？"

"我可是你的爸爸啊！"父亲用厚实的手掌拍了拍米勒的肩头。

米勒低着头，沉默了一会儿，又抬起头，对父亲说道："爸爸，虽然你支持我去学习绘画，可是不管怎么样，我都不能去，因为如果我去学习绘画了，我不仅不能帮家里解决一些生活困难，而且还会让家里增加负担。不行！我不能这么自私！"

听到儿子如此懂事的决定，父亲十分感动，但是他的态度仍旧坚决："我可怜的弗朗索瓦啊！我很明白你一直在想要去学画画和想要帮家里减轻负担中间为难着，那个念头一定折磨你很久了吧。其实曾经爸爸也有过这种痛苦的经历，那时候我非常喜欢音乐，想要成为一名音乐家，可同样是因为家庭贫困，我放弃了这个梦想，而如今，我是多么的后悔呀！所以我不能让你重蹈覆辙，况且你的弟弟妹妹们已经长大了，可以帮助我分担家庭重担了，而你又这么有天赋，所以听爸爸的话，去吧，去学习绘画吧！”

最终，米勒遵从了父亲的决定。其实，我们知道，米勒的内心何尝不想去学习绘画呢？他企盼这一天的到来已经很久很久了吧……

第2章：“啊/我就收下你这个学生了”

师从邦·杜姆谢尔

终于，1833年，为了实现给予儿子的那个承诺，父亲带着不满20岁的米勒上路了，他们将要抵达市镇——瑟堡市，去那里寻找一位画家，请求他教米勒绘画。

父子俩没有带什么行李，只带了一件米勒经常穿的衣服，以便和身上穿的这一件相互换洗，还有几个自己家里种的苹果树结的苹果当作午餐。一路上，父亲都在担心米勒，因为到了瑟堡市他就得面对一个人的生活了，而且是没有太多生活费用保障的生活。他不知道米勒一个人能否撑得下去，万一家里无法继续提供生活费用和学习费用，那么米勒该如何生活下去呢？市镇上也没有田地可以给他种，他也很难在市镇上找到一个安身立命的工作，想到这里，父亲不禁连连叹气。而米勒也在发愁，他担心的是万一市镇上没有老师愿意收他做学生该怎么办？他从来没有学习过绘画，他只不过是个会种地的农民，可是他真的想学习绘画呀！不过，米勒转念又一想：要是没有老师收我做学生也好，这样我就可以跟爸爸回家种地了，家里的负担也不会那么大……父子俩都满腹心事，全然没有顾及欣赏旅途中的美丽风景。

终于他们抵达了瑟堡市，在当地，他们通过打听，了解到有一位叫作邦·杜姆谢尔的画家愿意收个学生，教他画画。于是父子俩来到了杜姆谢尔老师的家门口，准备向他拜师学艺。

就在父亲刚要伸手去敲老师家的门时，米勒突然制止了父亲："爸爸，我好紧张，要是老师不要我的话，我就跟你回家种地好不好？"

父亲紧紧地握住了米勒冰冷的双手，安慰他说："弗朗索瓦，在我的眼中你画得是最好的，你要自信、勇敢地向老师表达你热切渴求学习绘画的愿望，我想，面对一个拥有成为画家的梦想的孩子，并且是一个拥有绘画天赋的孩子，杜姆谢尔老师是不会拒绝你的。加油，儿子！”

“当——当——当——”父亲敲响了杜姆谢尔老师家的大门，“老师您好！我们是从格鲁齐来的，听说您愿意收一位学生教他画画，所以我就把我的儿子带来了，他很会画画，还请您多多指教！”

于是米勒父子俩被请进了屋内。一进门，米勒就惊呆了，这满屋子的墙上都挂满了各种各样的油画、素描，地上还摆放了一些未完成的画作和一些石膏像，颜料、画笔散落满地，他还从来没有见到过如此大量的画作和如此丰富的绘画材料。米勒一边欣赏一边感叹着，走到了最里面的一个房间——那是一间画室。画室里，一位身上沾满了颜料的画家正背对着他在作画。“他一定就是杜姆谢尔老师了。”米勒暗暗想道。把父子俩请进门的助手在老师耳边说了几句话，于是老师便抬起了头，放下了手中的画笔，缓缓转向米勒说道：“是你想要跟我学习绘画吗？”老师的声音很低沉，给人一种安全感，这缓解了米勒心中的一些紧张感。

“是的，老师。我叫让·弗朗索瓦·米勒，这位是我的父亲。我想要和您学习绘画……老师，这是我画的两幅素描……还请您指教……”米勒有些拘谨，他小心翼翼地把自己在乡下的田间地头画的两幅素描递给了杜姆谢尔老师。

这两幅素描中一幅画的是两个牧羊人；另一幅画的是一个人从屋里走出来向大家分发面包的场景，旁边还有圣路加的话："虽不因他是朋友而给他，但因他情词迫切的直求，就必须按他所需的给他。"这无疑是米勒受到了小时候祖母所讲述的《圣经》故事的影响。

杜姆谢尔老师接过米勒手中的两幅画，拿着它们仔细端详，似乎在思考着什么，一时间气氛变得十分静默，米勒的手心微微出汗，他害怕老师不愿意收下他这个从小村庄来的、没有任何绘画基础的、只会种地的农民，那样他就真的得回家继续种地了吧。

"嗯——"杜姆谢尔老师终于开口说话了，"这两幅素描都是你自己画的吗？你真的没有和其他老师学过画画吗？"

"没有……没有……老师……我没有学过画画……"米勒深深叹了口气，"这些都是我在干农活儿的休息时间里，拿着自己用树枝制作成的炭笔，根据我自己的日常生活经验画出来的，还有一些则是根据祖母跟我讲过的《圣经》故事画的。我知道我画得不好……可是，我真的很想跟随老师学习绘画！希望老师能够收下我！”

米勒的父亲看到杜姆谢尔老师并没有立刻收下米勒，他也有些着急和担心，于是就在一旁恳切地向老师请求道：“是啊，老师，这孩子真的很喜欢画画，真的很希望您能收下他这个学生，只要您愿意给他机会，他一定不会让您失望的！您看在上帝的份儿上就收下他吧！”

“哦，不不不，您别担心，”杜姆谢尔老师感受到了米勒父亲的担忧，便连忙摆了摆手，“我不会错过这么一个富有绘画天赋的学生的！我一定会收下他的！对于一个没有任何绘画基础的庄稼汉来说，这画画得简直太好啦！弗朗索瓦，相信我，你一定可以成为一名画家，你很有天赋，将来一定会大有成就的，会在绘画上创造出属于自己的一番天地！”杜姆谢尔老师激动地感慨着。

就这样，米勒真正接受绘画艺术教育的旅程正式开始了。他不用拿柳树条当画笔，不用拿潮湿的土地当画纸，也不用画了一半画就赶忙又去参与耕作了。他可以坐在画室里，跟着一位专业的老师，一步一步地踏实地学习绘画了。

在跟随杜姆谢尔老师学习的日子里，米勒十分刻苦，他知道这个机会来之不易。为了让自己可以学绘画，父亲、母亲、祖母、家里的兄弟姐妹们需要承受更多的负担，而且自己又是那么热爱绘画，所以米勒拼了命地学习。

有一天夜里，杜姆谢尔老师起床去喝水，他睡眼惺忪地走出卧室，朦胧间他感到画室里有灯光。杜姆谢尔十分疑惑，自言自语道："咦？难道我睡觉前没有熄灯吗？看来我这记性不行了。"说着就趔趔趄趄地朝画室走去。

这一看可把杜姆谢尔老师吓了一跳："弗朗索瓦！你怎么还没有回去？已经是半夜了啊！"

老师这一声把米勒也给吓坏了，他几乎跳了起来："啊！老……老……老师……"原来米勒一直待在老师的画室里临摹作品，忘记了时间，等到天黑了的时候，他才意识到自己该回去了，可是那个时候杜姆谢尔老师已经睡觉了，所以为了不吵醒老师，他就把灯点上，继续安静地待在画室里画画。

听完米勒的解释，杜姆谢尔老师十分感动，他很庆幸当初没有犹豫，收下了这个学生，他十分赞叹米勒刻苦学习的精神，相信米勒以后一定会大有作为。

米勒除了在老师的指引下学习绘画之外，他还在课下时间，去瑟堡市美术馆临摹著名画家的作品，以开阔自己的视野，提高艺术修养。邦·杜姆谢尔老师帮助米勒打下了坚实的绘画基础，并且他本身是一位新古典主义画派的画家，崇尚古希腊、古罗马的艺术风格，这种绘画风格也是米勒后来一直推崇的。此外，杜姆谢尔老师还是一位从普通农村成长起来的具有农民心肠的画家，这使得米勒在绘画上所受到的正式的启蒙教育就和“农民”主题紧密相关，无疑这也促进了米勒在后来形成自己独特的绘画风格，成为了一名现实主义农民画家。

新古典主义画派是18世纪欧洲流行的新古典主义思潮在美术领域的表现。新古典主义者们不满于当时流行的为贵族阶层服务的华丽奢靡的洛可可艺术，于是他们转向从古希腊、古罗马的艺术中去寻找新题材。新古典主义画派的画风是严谨的、庄重的。

瑟堡市素描大赛获奖

然而，就在米勒跟随杜姆谢尔老师学习绘画的生活一步步走上正轨时，米勒父亲的身体健康状况却在一天天走下坡路。

米勒常常会被噩梦惊醒，梦中的父亲离自己越来越远，他好像要去一个米勒永远不可能抵达的地方，米勒怎么拼命向前跑都追不上父亲远去的脚步，父亲渐行渐远，终于看不见了他的身影。米勒受不了这种折磨，他要回家照顾病重的父亲，哪怕只是见上一面也好。然而正当米勒准备启程回家时，却从家中传来父亲已经去世的消息，那是米勒学习绘画的第二个月，那是米勒人生中第一次经历的死别……

父亲的去世给米勒造成很大的伤痛和打击，要知道是父亲给予了米勒学习绘画的强大的精神支撑呀，是父亲坚持要送米勒来学习绘画！而如今，父亲却永远地离开他了。一时间他无所适从，也感到自己肩上的担子重了，他不能只是个不懂事的孩子了，现在他的身份需要转换成为家中的男人。因此，米勒决定放弃绘画，他需要尽快回到乡下去，去承担养家糊口的责任。

米勒决定立刻就去向杜姆谢尔老师辞别，他感到有些不好意思，毕竟老师在他身上倾注了很多心血："老师……我有事情想要告诉您……希望您能答应……"

杜姆谢尔老师隐隐地感觉到有什么不好的事情发生了，便问道："出了什么事情呀？弗朗索瓦，你的脸色怎么这么难看?"

"老师……我的爸爸去世了……"一提到父亲，米勒的眼睛又湿润了，"爸爸去世了，而我作为家中的大儿子，需要回家照顾祖母、母亲、姐姐和弟弟妹妹们。所以，我今天来找您，其实是想要向您辞别的……"

杜姆谢尔老师当然能够理解米勒此时此刻的痛苦感受，他走上前，用力地拥抱了一下米勒，拍拍他的肩膀："我对你父亲的去世感到十分抱歉……孩子，振作起来，既然你想回家照顾亲人，我当然不会阻拦你，但是你要记住一点，千万别放弃绘画啊!"

望着老师那期盼的眼神，米勒沉默了，他没有说话是因为他不敢确定自己是否真的会再次回来学习绘画，他害怕自己真的必须放弃绘画了。

于是，米勒踏上了回家的路。米勒上一次走在这条连接格鲁齐和瑟堡市的路的时候，父亲还陪在身边，而如今父亲却再也不能陪他走了，他的人生之路也不会再有父亲的陪伴，所以他需要更加勇敢，更加坚强。

一到家，米勒先安抚好早已经哭得昏厥过去很多次的祖母和母亲，再嘱咐自己的弟弟妹妹们："爸爸不在了，你们更要懂事一些，不要让妈妈和奶奶操心。"然后匆匆地吃了口午饭，就提着农具，挽起裤脚下地干活儿了——庄稼地可不能耽搁了，全家人可都靠着它生活呢。于是，我们又看到米勒每天在田间地头挥汗如雨的场景，虽然他还未从父亲去世的悲痛中走出来，但是为了生存，为了家人的生活，田地不能荒弃，他必须振作起来！此时此刻，米勒肩头的担子更沉重了，他需要为整个家的生活负责任。然而，更为折磨米勒的是，他心中对于绘画的渴望一直从未熄灭，反而因为被生活重担所压而越来越强烈。即使在瑟堡市时他已经决定不再画画了，可是那种从小就埋藏在灵魂里的梦想，怎么可能如此轻易地就放弃了呢？此时

“绘画”二字对于米勒的意义，与其说是米勒心中的一种渴望，更不如说是支撑米勒顺利度过艰难生活的希望之光。

与此同时，米勒的启蒙老师——邦·杜姆谢尔也并没有忘记这位极具绘画天赋的学生，当他得知米勒因为生活艰难而不得不放弃绘画时，他给米勒写了一封鼓励信。虽然现在我们不知道杜姆谢尔老师当时在信中具体写了些什么话语，但是我们未尝不可推测一下信的内容，相信信中一定是饱含了老师对米勒的怜惜和期盼：“亲爱的弗朗索瓦，老师知道你的难处，你为了家庭责任而暂时放弃了绘画，是的，我想是‘暂时’放弃也必须是‘暂时’放弃！你有那么好的天赋和才华，绝不能因为现实的困难而‘永远’放弃了本该绘出灿烂生命的画笔！你要重新握起画笔啊！弗朗索瓦，好好准备，据我所知，瑟堡市最近将要举行一次素描大赛，你尽快挑选几幅你比较满意的作品寄过来，我想，你一定会在比赛中获得成功的！”

老师的来信让米勒热血沸腾，米勒又开始动摇了：“我放弃了绘画，这是我想要的结果吗？这样真的就可以解决家中的困境吗？这是在天堂里的父亲想要看到的吗？”在不断地追问自己之后，米勒终于认清了自己的心：“是的！我还想画画！我还不能放下手中的画笔！即使生活再艰难，我也不能被困难所控制，我要继续追寻自己的绘画梦想！如果我在绘画上取得了成功，祖母和母亲也一定会很开心，这不也正是我所希望看到的吗？我想父亲也一定不希望我放弃他一直支持的绘画吧。所以，我就给自己这一次机会，如果我真的可以像杜姆谢尔老师说的那样在比赛中获奖，我就继续学习绘画；可要是我没有获奖，那这一次我就真的要放弃绘画了。”于是，米勒选择了几幅自己最为满意的画作寄了出去，一直到比赛结果出来的那一天之前，米勒每天干活儿都是魂不守舍的，毕竟从内心的想法出发，米勒还是希望自己可以获奖，然后继续学习绘画的。他每天晚上都会做梦，有的时候会在得奖的喜悦中醒来，然后更加紧张；有的时候会在落榜的痛苦中惊醒，然后心情低落一整天。

终于到了揭晓获奖作品的这一天了。果然结果不出杜姆谢尔老师所料，米勒的画作获得瑟堡市素描大赛的第一名。瑟堡市美术界顿时一片哗然：“第一名的获奖者竟然是一个名不见经传的毛头小子！这简直是太不可思议了！”

米勒的画作在瑟堡市素描大赛得奖的消息传到家乡，一时间轰动了整个小村庄。米勒露出了在困境中难有的笑容，他想：“我的画终于得到一些认可了，我获奖了！可是，我真的要因为继续学习绘画而离开这个贫穷却温暖的家吗?”他望了望年迈的祖母，她正连连在胸前画着十字：“感谢上帝！感谢上帝！保佑我的弗朗索瓦成为画家。”祖母转而又告诫米勒：“快回瑟堡继续学习绘画吧，你必须接受上帝的旨意!”母亲也在一旁边擦拭喜悦的泪水，边拉着米勒的手：“我的弗朗索瓦啊！妈妈亏欠了你太多，你快走吧，快回到老师那里去继续学习绘画吧，家里还有我，还有你那些已经能够帮助我的弟弟妹妹们，你不用担心，快去吧!”

就这样，带着祖母的殷切期盼和母亲的温暖爱意，带着自己那颗对绘画充满无限期待的火热的心，米勒终于重新踏上了求学之路。

师从吕西安·泰奥费尔·朗格鲁瓦

由于画作在素描比赛上获得了第一名，米勒在瑟堡市已经小有名气了。瑟堡市市长十分喜欢这个富有才华的年轻画家，因此当米勒重返瑟堡市的时候，他主动帮助米勒介绍画家老师，于是，1835 年，米勒结识了他人生当中的第二位绘画老师——昂图瓦那·让·格罗男爵的学生吕西安·泰奥费尔·朗格鲁瓦。

瑟堡市市长和朗格鲁瓦老师是比较要好的朋友，他领着米勒来到朗格鲁瓦老师的画室里。

“啊！尊敬的市长，什么事情劳您大驾？快请坐！”朗格鲁瓦老师忙放下手中的画笔。

市长先坐了下来，然后指了指站在身边的米勒，对朗格鲁瓦说道：“朗格鲁瓦，你看你愿不愿意收下米勒当你的学生啊?”

“这位就是那个前几天在瑟堡市素描大赛中获得一等奖的米勒？那个年轻的画家?”朗格鲁瓦上下打量了一下米勒：“我看过你的画，实话说来，你的绘画技巧还不够成熟，构图不够准确，线条不够流利。但是，我十分欣赏你的一点是，你的画作中有着一般人所没有的农村图景和生活热情。”

米勒不知道朗格鲁瓦老师这番话是什么意思，他只是低着头，没有说话。

朗格鲁瓦老师看到米勒有些低落，连忙对市长说：“实在太感谢您把米勒介绍给我当学生啦！我唯一担心的是，怕过不了几日，我的水平就不配教他了呢！哈哈！”

听到朗格鲁瓦老师如此高度的评价，米勒立刻抬起了头，望着老师：“所以……老师……您的意思是……”

“对！对！我就收下你这个学生了！”朗格鲁瓦老师拍拍米勒的肩膀，显得十分兴奋。

听到这句话，米勒激动地连连向朗格鲁瓦老师和市长鞠躬：“谢谢您！谢谢市长！谢谢老师！我一定会努力学习，不会辜负大家对我的期望！”

米勒终于顺利地开始了他再次求学的日子，在朗格鲁瓦的画室里，米勒进步飞速。一方面，米勒几乎把自己的全部生命都交给了绘画，他把自己对故乡的思念用热情倾泻在画布上，人生的艰难让米勒愈发成熟，愈发坚韧。简洁的线条、明朗的构图、朴实的题材、丰满的情感，让米勒在绘画的道路上越走越远、越走越坚实；另一方面，米勒在文学上的热情依旧没有减弱，画画的空闲时间里，米勒常常去瑟堡市的图书馆里看各种各样的文学作品，从小说到戏剧再到诗歌，常常忘记了时间，忘记了现实的种种磕绊。面对文学世界中那些处于社会底层的劳苦农民，米勒十分希望可以用自己手中的画笔将他们画下来。虽然米勒也只是一个农民，他也许不能成为众多农民的代言人，不能改变他们的现实处境，然而，米勒还是希望自己可以画他们的生活、画他们的苦难、画他们的命运、画他们的希望。他认为农民也可以出现在艺术里。

拥有这样一位天生就属于绘画世界的学生，朗格鲁瓦老师当然希望米勒能一直留在自己的身边，帮助自己打理好画室，但是朗格鲁瓦老师更觉得米勒不是属于瑟堡市这个小市镇的，他应当到更广阔的天地中，去寻找更灿烂的道路，对！要去巴黎！

这天，朗格鲁瓦老师把正在画室里画画的米勒叫了出来，他问米勒："弗朗索瓦，我觉得你的进步实在是太大了，而且你是如此的有天赋，我觉得我已经无法把你教下去了，你需要更好的画家做你的老师，瑟堡市对于你来说也太小了，你需要去巴黎，在巴黎画坛里闯出属于自己的一番广阔天地。"

"什么？老师，您的意思是说让我去巴黎学习？"米勒听到老师的这个建议，怀疑自己是不是听错了，他实在是太吃惊了，他万万没有想到有朝一日他会去巴黎，那个像圣殿一样的城市，只存在于米勒的想象里，"老师，您让我去巴黎学绘画？可是，我想以我的水平到那里一定会被别人嘲笑的，我还是跟着您学习绘画好了。”

“哦，不不不。”朗格鲁瓦老师看到米勒如此不自信，他连忙鼓励米勒说，“相信我，以你的绘画天赋和绘画水平，不用太久，你在巴黎画坛上就一定会占有一席之地。”

对于巴黎，米勒还是十分心动的，但是他还有另外的顾虑：“可是……老师……我不可能付得起去巴黎学绘画的费用啊……”

朗格鲁瓦看到米勒似乎决定要去巴黎了，他十分高兴：“啊哈，生活费用就不用你来操心了，我准备向市长请求帮助，希望他能资助你去巴黎学习绘画。你知道的，市长也很欣赏你的！”

于是，朗格鲁瓦当即就向市长请求帮助，希望市长能够答应资助米勒去巴黎学习绘画。但是，虽然瑟堡市市长对这位出身贫寒却难掩才华的年轻画家十分欣赏，但是市长需要深思熟虑，毕竟是要政府资助一名画家去巴黎学习，而政府的举措需要对市民们负责：“其实我个人是很希望可以为弗朗索瓦提供帮助的，可是这毕竟不是我一个人能做决定的，我需要和其他相关的政府人员商量一下。”

在商讨会议上，瑟堡市市长有些激动地表达着自己的看法："米勒先生如今获得了我们瑟堡市素描比赛的第一名，他是个很有天赋的年轻画家，今后一定能在巴黎画坛中大展身手。那个时候，米勒的成就就不仅属于我们瑟堡市了，而是属于巴黎！如果上帝保佑，在将来，米勒的成就更是属于伟大的法兰西！所以请诸位同意我们出一笔资金，以资助米勒先生在巴黎学习绘画的生活费用。"

终于，经过朗格鲁瓦的劝说和市长的支持，市政府答应资助米勒去巴黎学习绘画。

那会是怎样的一个未来，米勒还不清楚，他只是知道自己就要走进巴黎了，走进艺术的最高殿堂。米勒怀揣着绘画的梦想，在 1837 年，带着市政当局资助的 400 法郎，踏上了去往巴黎的路……

第3章 “就这样/我走进了巴黎”

在德拉罗什画室的日子

米勒肩头背着一个布包，里面是留着路上吃的苹果——这就是他全部的餐饭，手上还有一个破旧的木箱，装着最简单的换洗衣物、珍贵的绘画用具以及几本早已翻得卷了边的书籍。祖母和母亲陪在米勒身边，为他送行，米勒这一去可能很长时间都不能回家了，对于生活在格鲁齐的人们来说，毕竟巴黎是个很远的地方。祖孙三辈的脚步放得很慢，他们似乎想要将时光拉长，希望彼此相守的时间能够多一些，就这样，默默地，谁都不说话，静静感受着这将要被分别的亲情的温暖。然而终究还是到了不得不道别的时刻了，祖母紧紧握住米勒的手，哽咽了好几回，她有太多的话想要对自己亲爱的孙子说，以至于她不知道该在这离别的时刻说些什么了。米勒与祖母、母亲拥抱在一起："奶奶，妈妈，你们回去吧！我该走了！我在巴黎一定会好好学习绘画，不辜负你们对我的期望，取得一番成绩再回来见你们，不让你们失望！"祖母抬头望着米勒，强忍着不舍的泪水："我的好弗朗索瓦！奶奶相信你，奶奶一点儿都不担心你画不好，奶奶只是希望你能记得，千万不要被巴黎的绚烂的外表迷惑了，不要被浮华的诱惑俘虏了。"终于，米勒与祖母、母亲依依惜别，他带着祖母的期待与嘱托，来到了巴黎。

巴黎是法国的首都，也是法国最大的城市，是整个国家的政治、经济和文化中心，城市发达，自然而然充满着大量的挑战与机会。这样的特殊地位，理所当然使得巴黎成为众多胸怀远大理想的青年人的集聚地，吸引着众多艺术家置身其中进行艺术创作，形成不少画家、文学家群体，是艺术的最高殿堂，他们希望能够在这样一片土地上——法兰西的中心，实现属于自己的梦。米勒也不例外，他怀着无限憧憬走进了巴黎。

学院派，起源于16世纪末的意大利，17、18世纪在英、法、俄等国流行，其中法国的学院派的影响最大。学院派十分重视传统规范，反对一切的变革，发展到极端就导致了程式化的产生。学院派也十分重视绘画的基本功训练，强调素描，贬低色彩，排斥感情。

然而，巴黎的现实情况却与米勒心中所想的样子有些差距。19世纪上半叶的法国画坛的古典主义已经成为强弩之末，浪漫主义也呈现出衰微萎靡之势，而以学院派为中心的上流社会的腐朽奢靡的风气逐渐控制着整个画坛，上流之士将学院派艺术扭曲，只顾表现奢侈浮华的低级趣味。

巴黎所呈现出的这种艺术状态与风气让米勒无法接受，对此他感到些许失望。在米勒刚刚走进巴黎时，他曾亲笔写下了这样一段文字："巴黎被浓雾笼罩着，昏黄的街灯半明半灭。无数马匹和马车相互拥挤着驶过狭窄的街道，那种气味和氛围压迫、折磨着我的大脑和心脏，仿佛要让我窒息而死。我突然啜泣、哽咽起来，止也止不住。但愿自己的感情能更坚强一些，但那时我却被感情用事彻底打垮了。我只好从道旁捧一掬喷泉水冲洗面颊上的泪水。路边有一家卖印刷品的店铺，我一边啃着从家里带来的最后一个苹果，一边注视着它展出的图画。那些石版画使我感到十分不愉快，全都描绘袒胸露背的年轻女人，描绘女人洗澡、穿衣的场面。巴黎对我而言既阴郁又枯燥。我离开那里，找到一家小旅馆住下，在那里度过了一个痛苦的夜晚。我的房间简直是一个昏暗和臭气熏天的洞穴。天一亮我就起身冲了出去，来到空气清新的户外。有了光明，我也恢复了平静和坚定。把悲哀丢下吧，我又记起了《圣经》里约伯的悲伤：‘愿我出生的那一天毁灭，愿据说“有人怀了男胎”的那个夜晚也毁灭。’就这样，我走进了巴黎；我不是诅咒它，而只是在对它的物质与精神生活都一无所知时感到惶恐而已。”

在米勒看来，此时的巴黎似乎连空气都是空虚的、污浊的，他无法忍受橱窗里满是画着裸女的画。然而，米勒也深知自己的绘画基础还比较薄弱，对于绘画的技法掌握还不够成熟，他明白即使如今巴黎画坛的画风不佳，不是他所欣赏的，但是这里毕竟还是聚集了很多绘画技术过硬的前辈画家，他需要虚心向画家前辈们学习绘画技法，打下坚实的基础，这样他才有能力和资本进一步开创发展自己所欣赏的艺术风格。

米勒到达巴黎之后不久，便被巴黎美术学院录取了，然而由于清规戒律的限制使得米勒并不想进入巴黎美术学院学习，不过，为了得到最为正规的、牢固的绘画技术训练，最后他还是选择进入了巴黎美术学院的保罗·德拉罗什画室学习绘画。

H. 保罗·德拉罗什（1797—1859），是法国著名的学院派画家之一。

米勒在德拉罗什画室里的生活当然并不总是顺心顺意的，“那些难懂的、讨人厌的画室俚语和双关语令他厌烦得要命”，再加之他本身脾气就比较暴躁，又不太爱说话，使得米勒在画室里显得十分不合群。画室里那些纨绔子弟常常把米勒那身农民的装束当成课余笑料：“你们快来看看他穿得多土气啊！哈哈哈哈！这样的乡巴佬竟然还敢来巴黎和我们一起学习绘画？这简直太可笑了啊！哈哈哈哈！”他们还给米勒起了很多带有侮辱性的绰号——“木瓜”、“穿木鞋的巨人”、“森林中的男子”等等，以表示对米勒的不屑与嘲弄。

对于这些冷嘲热讽，米勒从来都是一笑了之，他不会与那些纨绔子弟正面争执，他只是默默地在心底安慰、激励自己：“我不像你们这些富家子弟那样衣食无忧，我来到这里学习绘画的费用还是靠着瑟堡市的资助才得以支撑的。我需要尽快学好绘画，取得成绩，才不会辜负父母、祖母、乡亲们、我的老师还有市长等那些曾经帮助过我的人们啊。我的心里只有绘画，它是我的灵魂，我曾经几乎快要放弃它，那种感觉简直像是要夺走了我的生命，我再也不会放弃绘画，即使生活再艰难，也不会放弃……”

然而，每当夜深人静的时候，米勒一个人躺在狭小逼仄的房间里，没有灯光，没有温暖，只有空荡荡的四面墙壁和冰冷静默的空气陪伴着他，他的心还是会不禁脆弱起来，感到无依无靠。想起格鲁齐那美丽丰饶的田地，米勒小时候经常到那里去欣赏大自然的风景；想起勤劳朴实的乡亲们，他们总会在米勒得奖时送上最真挚的祝福，会在米勒的绘画和生活遇到困难时给予最大的安慰；想起亲爱的祖母、母亲、姐姐，还有可爱的弟弟妹妹们，他们把生活的苦难一肩挑起，坚定地支持着米勒学习绘画；还想起在天堂的父亲，是他那像大山一样厚实的父爱成全了米勒求学瑟堡的可能，开启了米勒走上接受正规绘画教育之路的大门……他不知道自己的绘画道路会通向哪里，是成功，还是失败？他也不知道在这条道路上他还会遇到多少困难，也许，现在的挫折只不过是个小小的开始……

不过，只要米勒的手一碰到画笔，指尖一触及画纸，他的脑海中就只剩下画画了，米勒不仅在课堂上十分专注认真地练习，而且在课下也经常拖住老师请教关于绘画的问题。终于，功夫不负有心人，在一次课堂考核中，米勒的画作获得德拉罗什老师的赞赏，他向全体画室的学员说道："我知道，我的画室里有些同学看不起弗朗索瓦是一位农民，可是我今天要宣布的是，弗朗索瓦的画作比你们在场的任何一位画得都要好很多！而且他也是我们画室最为努力用功的学生！你们还是需要多虚心向弗朗索瓦学习啊！"

德拉罗什是位十分诚恳的老师，然而德拉罗什老师的绘画理念和米勒有很多相冲突的地方，这使得有时候他对米勒的绘画教育表现得十分严苛。

这天，德拉罗什老师布置给大家一项素描作业，当老师走到米勒的画板前时，看着米勒的画，德拉罗什老师完全没有吝啬自己的批评："你能不能将线条画得轻松些？

为什么一定要画得那么沉重？难道非得用棍棒来管教你才能改掉这个坏习惯吗？”当然，德拉罗什老师这也是为了米勒的绘画水平能够得到更大的提高，只不过两者的理念有所不同罢了。

而米勒并没有顶撞德拉罗什老师，也没有赌气不画，只是默默地从身边取出一张新的画纸，重新认真地画起来。或许他并不是非常同意德拉罗什老师的意见和方法，但是不管怎样，米勒总是在一丝不苟地学习绘画。

经过之前在瑟堡市的邦·杜姆谢尔老师和吕西安·泰奥费尔·朗格鲁瓦老师以及巴黎的这位保罗·德拉罗什老师的指导，米勒接受了比较系统而完整的绘画基本功的训练，使得他的画作的线条更流畅，构图更准确，技法更成熟；更为难能可贵的是米勒一直没有丢弃他最初在画中所体现出来的那份淳朴与深厚的真挚情感，德拉罗什老师也夸赞米勒说：“你与众不同。”

倾心卢浮宫

在巴黎街头，米勒即使找不到方向也从来不愿意向路人问路，这是因为他实在无法忍受一些矫揉造作的巴黎人那故作姿态的腔调，他宁愿就这样独自闯荡在街心巷头，等待着一个又一个出乎意料的惊喜的降临。

这天傍晚，不习惯向别人问路的米勒似乎又迷失在巴黎的街头了。米勒跌跌撞撞地来到了塞纳河畔，站在河边向对岸望去，那一瞬间，米勒的身体像是触电了一般，眼睛里放出了明亮的光芒：“啊！卢浮宫！那不正是我魂牵梦萦的卢浮宫吗!”米勒大叫着、跳跃着。华灯初上，柔柔的灯光下的卢浮宫像是披上了一袭神秘的华美外衣，让米勒为之痴狂。此时此刻，米勒思绪万千——故乡的一切：蓝蓝的天空飘着几朵白云，微微的春风吹皱了几片碧水，田间地头里乡亲们挥汗如雨，夕阳西下时分，大树底下的那个蹲着在泥土上面画画的孩子……卢浮宫的一切：别具一格的建筑设计，气势恢宏的艺术收藏，精美得令人窒息的大师画作，记录着人类对美的追求的艺术历程……这一切的一切，像电影中的镜头一般，快速地互相缠绕着、变幻着，关于绘画的最初幻想与现时的强烈渴望在米勒心中汹涌地翻滚着。卢浮宫，将是米勒梦想起航的地方……

是的，在巴黎，卢浮宫是唯一能够让米勒忘乎所以的地方，唯一能够让米勒真正沉浸于梦想的幸福的地方，也是米勒在巴黎待的时间最长的地方。因为对卢浮宫的疯狂迷恋，或者说是对绘画艺术的狂热追逐，时间和空间的概念在米勒这里已经不存在了，米勒常常是最早一个进馆、最晚一个离馆的“游客”，而且是最有心的一位“游客”。米勒在观赏这些伟大的艺术作品的同时，也留下了许多他在卢浮宫美术馆中欣赏别人的油画时所写下的笔记。

对于卢浮宫里的件件珍藏，米勒也是有所热爱和有所不认同的，比如他就十分厌恶洛可可风格的艺术作品。洛可可风格起源于18世纪的法国，最初是为了反对宫廷的繁文缛节而兴起的，对绘画摆脱宗教题材的束缚具有一定的积极推动作用。然而，洛可可风格的绘画往往以上流社会男女的享乐纵欲生活为描摹对象，多是展现裸体的女性和卢浮宫，是世界上最古老、最大、最著名的博物馆之一。卢浮宫位于法国巴黎市中心的塞纳河北岸，始建于1204年，距今已有800多年的历史。卢浮宫的整体建筑呈“U”形，宫前的金字塔形玻璃入口则是华人建筑大师贝聿铭的杰作。卢浮宫不仅本身就是一件伟大的艺术杰作，还由于宫内藏有许多举世闻名的艺术杰作而成为艺术家们心中的神圣殿堂，同时卢浮宫也是法国近千年来历史的见证，据记载，这里曾经居住过50位法国国王和王后，以及多位著名艺术家。

奢华的装饰，不免流于浮华矫揉、奢靡琐碎之风，缺乏神圣的心灵体验与浑厚的力量感受。

米勒有不少批判洛可可风格的画家的话语。比如，看见洛可可画派的鼻祖——华托那一幅幅充满喜剧气息的画作时，米勒则认为这盛大的华丽之下是被掩藏了的哀愁，这种故作高雅、夸大快乐的风格依旧不为米勒所喜爱：“高尚、文雅、喜庆节日的外衣下暗藏病态悲伤的气质。本该使人发笑的戏剧性玩偶却暗藏着哀愁。就像巡演的小

法国巴黎的卢浮宫

美丽的塞纳河

丑，当表演结束之后，这小小的一群就会被送回到车厢里，在那里他们为自己的可怜命运而痛哭流涕。”又如面对另外一位洛可可画派的代表画家——布歇的那一幅幅画着病态女人的画作时，米勒表示极为不能忍受：“布歇画中的那些忧郁伤感的女人，个个都是蜂腰细腿，穿着高跟鞋的脚上青一块紫一块的，穿着紧身胸衣的腰被束小了，此外还有一双柔弱无力的病手和贫血的胸部。布歇除了是一个蛊惑人心、哗众取宠的家伙之外什么也不是。”

那么，米勒所热爱的是什么风格的绘画艺术呢？从米勒的几段笔记中我们可以略知一二：

“那些古典的艺术大师，他们使得生命那么生机勃发，从而变得美丽了；使得生命那么雍容华贵，从而变得高尚了。”

“我依然保留着我初看文艺复兴以前大师们的作品时感到的仰慕。我喜爱他们像童年那样纯真无邪的题材，喜爱他们的个人旨趣——它们什么也不表达，只说明自己对生活重负的感受；或者既不呐喊也不抱怨，而只是默默地忍受着痛苦，经历着人类清规戒律的约束和折磨，甚至连向别人乞求满足的欲念都没有。这些古人不像今天的画家们那样，并没有创作出什么反抗的艺术品来。”

“对于我们这些现代人来说，艺术再也不仅仅是教会、贵族的附属品和画廊里的陈列品了；而在从前，乃至在中世纪，艺术则是古代社会的精神支柱，是它的道德和宗教感情的反映和表现。”

对于巴黎当时流行的浮夸的画风，米勒是嗤之以鼻的，他所推崇的艺术是真正能够表现人们生存状态的，能够真实展现美与丑、善与恶的艺术。那么我们可以知道，不矫揉造作，不故作姿态地去表现所谓的格调，而只是真实地表达对生活的感受，真实地表达对生命的热爱，即使生命是苦难的，也依旧值得热爱，这才是米勒心向往之的艺术境地。

米勒十分热爱古典时期的艺术风格，米开朗琪罗、普桑等画家的作品都是米勒心中的无上珍宝。米勒在笔记中写道：“我看得很清楚，画这幅素描的艺术家是能用简洁的形象表现出人类的善与恶的天才。这个艺术家就是米开朗琪罗。我这么说就等于把什么都说到了。在瑟堡，我还看到了他的几幅单薄的版画，然而就在这些素描里，我却触摸到了他的内心，听见了他的心声——这心声始终强烈地回响在我的脑际。”他还写道：“普桑是语言家、圣贤和艺术哲学家，也是最有说服力的构图大师。我愿意一生都观赏普桑的作品，而且永远不会知足。”这么多的记录足以表达米勒对古典主义艺术风格的热爱，也为米勒形成自己的那种沉静、深厚的现实主义风格奠定了基础。

这天，卢浮宫的大厅里人头攒动，大家都围在一起，似乎在看什么作品展览。米勒十分好奇，便也走上前去想要一探究竟。拨开层层的人群，米勒终于挤到了前面。“啊!”米勒几乎是失声叫了出来，然后眉头紧锁，嘴唇紧闭，表情看起来十分痛苦。

原来这里正在展出一件雕像作品——米开朗琪罗的《垂死的奴隶》。雕像中塑造了一个垂死挣扎后进入昏迷幻想状态的奴隶形象，他左手托住后仰的头部，右手似乎想要挣脱身体上的绳索。奴隶在现实中因为遭受痛苦折磨而奄奄一息、疲惫不堪的形态，以及他在睡梦之中对另外的美好世界的沉醉神态在米开朗琪罗对动态的连贯传神的把握中释放出来了。这种古典主义的艺术作品，并没有像洛可可风格那样，故意选取夺人眼球的题材，用纤弱琐碎的技法，夸张地展现浮华的趣味，而是用最真实的题材，不夸张矫饰的技法，却不乏对现实的关照与对底层欲望的展现，艺术家们用最虔诚的心创作出了最触动观者的心的艺术作品。

“这个被痛苦折磨着肉体的人物所表现的松弛筋肉与描写各个面的线与肉体，如潮涌般地感动我，我好像感受到在与他同样受苦，怜悯之心油然而生，全身竟然也和他一样地痛苦起来，并深深地了解只有画出这样作品的人，才有能力将全人类所承受的祸福寓于一个人的身上表现出来，而这位艺术家就是米开朗琪罗。”看着这件米开朗琪罗的雕像，米勒感到自己似乎也在经历着雕塑中的奴隶所经历的痛苦一样，感官受到的连续震撼让自己的肉体和心灵似乎都受到了残忍的折磨，深刻感受到了同样的痛楚。“米开朗琪罗实在是位伟大的艺术家啊！”米勒深深折服于米开朗琪罗的艺术表现力与艺术价值观。

这座凝结了人类无数的艺术尝试与艺术成就的殿堂为米勒开启了另一番新的天地。就这样，米勒用自己的标准和品位，在卢浮宫中自由畅快地呼吸着艺术的气息。日复一日，年复一年，米勒一直都是废寝忘食地观摩学习，这种经历在充实了米勒艺术体验的同时，也冲淡了米勒对故乡的思念之情和对艰难生活的惆怅之感……

《垂死的奴隶》

米开朗琪罗　1513 年

雕塑高 229 厘米

法国巴黎卢浮宫博物馆藏

格格不入

在没有来到巴黎之前，米勒心中的巴黎画坛是无比神圣、无比纯净的，然而现实的巴黎画坛却是以画袒胸露背的女人为风尚的。这种强烈的反差使得米勒一时间无所适从，他不知道该何去何从，不知道自己的绘画之路应该往哪个方向走。每天路边橱窗里摆放的那些画着洗澡更衣的裸体女人的画让米勒感觉到连空气都是污浊的，只有当他进入卢浮宫的时候，他才觉得自己是真正来到了心中的那个巴黎，那个艺术的最高殿堂，只有在这里米勒才可以不被那些裸体画污染眼睛。浮华飘渺的东西全部被隔离在了卢浮宫外，这里只留下无数真诚厚实的艺术作品和一个虔诚沉静的米勒……

卢浮宫让米勒的心灵有了栖身之所，也让米勒愈发看清了自己的内心。或许，此时的米勒还没有一个成熟的关于自己绘画的艺术理念的体系，但是他愈发明确自己所要追求的绘画是什么样子。他一直在坚持着朴实、虔诚、富有力量的画风，他想要用画笔画现实、画风景、画人物，而不是画那些上流社会的男男女女之间的欲望生活。

正如法国伟大的思想家、文学家罗曼·罗兰所说的那样："在19世纪的法国，米勒的品格是令人惊奇的。他似乎是属于另一个时代、另一个民族、有着不同思想形式的人。他在法国艺术中是独一无二的，而且几乎像是一个外国人。他同等地被他的崇拜者和诽谤者所误解。"是啊，米勒的艺术理念总是显得和现实风气有些格格不入，然而，也正是因为他的自我坚持，才最终成就了许多伟大的艺术作品。

在德拉罗什画室的学习让米勒的绘画技术得到很大进步，但是在卢浮宫的自我学习却让米勒发现自己对于绘画的认识与德拉罗什老师的观念之间愈发不可调和的差异。

德拉罗什老师是法国著名的学院派画家。所谓的学院派绘画，发端于意大利文艺复兴后期，此时的绘画呈现出衰微的势头，并且受到巴洛克艺术的冲击，为了捍卫文艺复兴的成果，捍卫古典艺术的影响力，学院派应运而生。经过发展，在17、18世纪的法国流行，且受到法国官方的重视与支持。学院派绘画反对浮华、激烈、粗俗的画面语言，反对强烈的个性表现，追求雅正端庄的风格，极度重视绘画基本功的训练，重视对绘画题材、技巧的规范。也正是得益于此，米勒在德拉罗什老师严格的教导下，掌握了扎实的绘画基本功。但是，学院派绘画在极度强调传统艺术、古典作品的不可超越性之后，走上了一条程式化的道路，变得循规蹈矩、因循守旧。

德拉罗什老师便是这样一位典型的学院派画家，他喜爱从历史故事中选取绘画题材，擅长在画面上追求情节或趣味性的描绘，特别是对环境、服饰和道具等细节的表现显示了格外的兴趣。此外，他在创作构思时，经常先用蜡制作模型研究构图，这一习惯使得他要求他的学生们每两周画一次热尔曼·尼克斯的雕像。对于米勒来说，他十分不喜欢这种学院派的画法和风格，认为每两周画一次雕像实在是太频繁了。事实上，米勒就像德拉罗什说的那样："懂得太多，但是学院派的课程却学得不够。"

随着日子的一天天流逝，米勒愈发想要离开画室。不过，让米勒真正下定决心要离开德拉罗什画室还是因为那次"罗马奖事件"。

1839 年的一天，米勒像往常一样来到画室上课，在课间休息时，米勒偶然间听到了德拉罗什老师与助手的谈话：“‘罗马奖’的评审马上就要开始了，你说我们应该推荐画室里的哪位学生去竞选‘罗马奖’呢？”

老师的助手回答道：“弗朗索瓦吧，我看他学习一直很认真，而且他真的画得不错！一定有希望拿到‘罗马奖’啊！”

听到老师的助手如此夸赞自己，米勒心里暗暗高兴。

“嗯，弗朗索瓦这个学生是很不错……不过我觉得我们画室里另外一位学生——露也挺好的，等我再想想吧……”德拉罗什老师若有所思地说道。

对于“罗马奖”，米勒早已有所耳闻，他知道如果在“罗马奖”中获胜，就可以获得一笔奖金，就可以有机会去意大利罗马学习绘画一年，这正是米勒求之不得的机会啊，他多么希望能到罗马去，在那里能接触到他最崇拜的米开朗琪罗以及许多其他文艺复兴时期的著名画家的作品。想到这里，米勒简直兴奋得不行，虽然他不知道为什么德拉罗什老师有想要推荐露的念头，毕竟他深知露的绘画技术远远比不上自己。但是此时米勒已经考虑不了这么多了，接下来的时间里，他需要投入全身心的精力到创作中去，争取画出自己最为满意的画作，拿去参加“罗马奖”。

就在米勒为“罗马奖”准备得热火朝天、废寝忘食的时候，德拉罗什老师忽然神情严肃地来找米勒谈话，米勒心里一沉，他有种不好的预感。果然不出所料，德拉罗什老师一开口就说道：“弗朗索瓦，我知道你很想参加‘罗马奖’，的确，你也有实力去竞选‘罗马奖’，但是，这一次我已经决定推荐露去了，你就再等等吧，等下一次‘罗马奖’开始的时候我一定推荐你去。”

米勒惊愕地说不出一个字来，且不说这么长时间以来自己的辛苦准备全部都是徒劳，更让他不明白的是为什么德拉罗什老师要推荐一个绘画远远不如自己的人去竞选“罗马奖”？他不知道这中间到底有什么纠葛与秘密，不知道老师是因为金钱交易还是因为人情关系而选择了这样做。这次，他是真的对老师失望了。

于是，不久之后，米勒果断地离开了德拉罗什的画室，开始了独自一人在巴黎闯荡的生活……

现实生活总是在愈发残忍地改变着它的样貌。因为米勒当时使用十分写实的画法画肖像，而他所画的瑟堡市市长的肖像画被人认为不够像，结果导致某些人认为这是对刚刚去世的瑟堡市市长的大不敬——就是那个答应资助米勒在巴黎学习绘画的好市长。加上米勒也不想再承受这份使得他有心理负担的资助，终于在 1839 年 12 月，瑟堡市每年向米勒资助的 300 法郎的年金停止了，这无疑使得他一个人的生活变得更加艰难，更加力不从心……

苦难而勇敢的闯荡者

一头蓬乱的卷曲的头发，一身随意的简单的服装，一双从格鲁齐走到巴黎的木鞋，勾勒出一个突然闯入巴黎的、孤军奋战的米勒。

这天，米勒在巴黎街头走了很久很久，走得累了、饿了，他把脚步停留在了一家小餐馆的门前。

“要不要进去呢?”米勒捏了捏自己的钱袋，似乎感觉得到两片钱袋布已经可以碰触在一起了——他身上已经几乎没有钱了，“可是我已经很多天没有真正地吃上一顿饭了……我还想走到卢浮宫去……”米勒内心的两种声音在挣扎着。

“唉，还是不去吃了吧！我想那些巴黎人也一定看不惯一个从乡下来的农民狼吞虎咽的不雅吃相吧，相反，我也看不惯他们那样故作矜持、扭扭捏捏的吃相。”

正当米勒要重新抬起沉重的脚步时，一位马夫拍了拍米勒的肩膀：“嘿！老乡，没想到会在这里遇见你啊！”

米勒惊诧地回了头，上下打量了一下身后这位拍自己肩膀的人。咦？这不是住在格鲁齐乡下的乡亲吗？米勒万万没有想到在巴黎还可以看到格鲁齐的乡亲，又惊又喜地握住老乡的手：“啊！兄弟！”

“你还没吃饭吧？走！去那边我知道的一个马夫餐馆吃去，我请客！”

马夫餐馆是当时专门为底层贫苦劳动人民服务的、提供廉价食物的餐馆。

这真是再好不过了！于是，米勒便和马夫一同走进了小饭馆，他终于好好地吃了一顿饭，二人边吃边聊好不快乐！

听着马夫讲着家乡最近的变化，米勒内心深处那块柔软的地方又被碰触了，他已经很久没有回家看看了，不知道母亲的脸上又长出了多少皱纹，不知道祖母还会把《圣经》故事讲给谁听，不知道弟弟妹妹们有没有责怪他这个早早离开家去学习绘画的哥哥，不知道家中田地的收成还好不好，他真的很想回家去看看！但是他拿什么回家呢？拿什么成绩让母亲和祖母欣慰呢？他不能回家！他要继续待在巴黎，直到在绘画上有所发展，有所建树。他发过誓的：我一定要在巴黎画坛开创出属于自己的一片天地！

“嘿！兄弟，我今晚会赶回家一趟，你有没有什么要我捎回家的话呀？”马夫打断了米勒的思绪，米勒还稍稍有些激动：“哦！就麻烦你告诉我的家人，我一定会成功的！会带着荣耀回去！”

马夫乡亲的出现让米勒更加感到现实生活的孤独，就像巴尔扎克说过的那样：“在各种孤独中间，人最怕精神上的孤独。”米勒的生活不仅因为贫穷而艰难，更可怕的是米勒没有朋友，没有精神上的安慰。

在米勒刚到巴黎的时候，曾经把自己的衣物等大件行李和瑟堡市资助的几百法郎存款寄放在一个经别人介绍的朋友的家里，然后独自一人在巴黎摸索、闯荡。过了一段时间，米勒觉得身上的钱用得差不多了，他就想去朋友家里取出一些钱来支付生活费用。可是当朋友的夫人听明白了米勒的来意之后，她却并不想把米勒之前寄放在自己家里的存款还给米勒，竟然还挖苦道："米勒先生，要我说您得到我和我丈夫的照顾所值的费用，那可要远远超过您放在我家里的存款哩！"

米勒感到十分窘迫。"是的，夫人。我知道我承蒙您和您先生很大的照顾，"米勒有些失望，也有些愤怒，"但是我一直都没有想过用金钱来报答你们，不过，既然您现在已经这样说了，那我就把这些存款用做报答您的照顾吧！这样我们就谁也不亏欠谁了！"

倔强的米勒只带走了自己的衣物行李，然后独自一人拖着一个破木箱子，走在巴黎街头。晚风吹过，米勒眉头一锁，感觉有点冷，他是真的觉得冷，这种冷的感觉直达心底，巴黎这么大的地方，却没有一个可以给予米勒温暖的情感港湾。

后来，这位夫人的丈夫曾经想要瞒着妻子向米勒道歉，并且表示愿意帮米勒支付一点生活费用，结果还是被夫人发现了，夫人把他臭骂了一通，要他跟米勒断绝一切来往。

我们不知道有多少所谓的朋友因为米勒的穷困而背弃了他，米勒也果断决然地放弃了这些朋友，他要的是真正可以心灵相通的朋友，可以一起喝酒吃肉，不管不顾地吃喝；可以一起讨论绘画，争执得相互红了脸；可以在彼此穷困潦倒的时候，不离不弃……然而，生活是残酷的，米勒现在似乎还没有寻找到这样的朋友……

好了，现在米勒必须要为自己的生活费用伤脑筋了。他能做什么呢？他除了会种地就是会画画，在巴黎这个地方没有田地给米勒种，那么，就只有画画，然后再去卖画这一条路了吧。那就开始画吧！可是我们要知道，米勒所画的那些东西，那些崇尚古典主义风格的、崇尚真实自然题材的、崇尚朴实深厚情感的画作，在巴黎当时充斥着浮华绮丽之风的画坛上是不可能有市场的。

果不其然，在巴黎的大街小巷又奔波了一整天的米勒此时正坐在广场的花坛上叹息，疲惫不堪：“唉！今天还是没有进展，照这样下去，我连买画纸的钱都付不起了！我该怎么办呢？”

正在这个时候，有个米勒认识的画家朝米勒走了过来，向米勒打了声招呼：“嘿！弗朗索瓦，你怎么坐在这里？表情这么忧愁的，在想些什么呢？”

米勒挪了挪位子，示意朋友坐下，挠挠头，感叹道：“唉……还不是我的画一直卖不出去啊……再这样下去，我估计用不了多久就得被逼回家啊！”

这位朋友一听，一拍大腿：“唉！我还以为是什么大事儿呢！要我说，亲爱的米勒先生啊！您怎么就不能屈尊去画一些现在大众所喜欢的那种画呢？您就稍微迎合一下上流社会的趣味和情调又不会要了你的命，反而还可以带给你比较好的收入，何乐而不为呢？你自己好好想想吧，我得走了，还有几个朋友在饭馆等着我去喝酒呢！走了啊！”

天渐渐黑了下来，米勒也准备回到住处了，他独自一人走在夜晚的巴黎街头，人来人往、车水马龙的周遭，更加放大了米勒内心的孤独与无助。回到了住处，十分疲惫的米勒一头倒在了床上，可是他怎么也睡不着，他向空旷的四面墙壁大声问道：“我真的只有画裸女画这一条路了吗？”当然，没有人回答他，他得到的只是孤独的回音，或许，他需要作出一些让步。

没有办法，没有选择，米勒为了生计，画了一些自己不喜欢的但受大众欢迎的作品，只不过米勒画的裸女画并不是充斥着色情意味的肉欲展现，他的裸女画还是坚持了一些自己的艺术理念的。此外，米勒还画了一些《圣经》题材的作品，比如《在拉班帐篷中的约伯》、《鲁特与波兹》等，为了尽快售出这些画，米勒以每幅五到十法郎的低价为这些画作标价。看到自己的画只有以如此低贱的价格才能卖出去，米勒感到既无奈又愤怒。无奈的是自己只能以这种方式才能换得一点点微薄的收入来维持自己的生活，愤怒的是富人们竟然如此愿意出大价钱去购买那些充斥着低俗色欲的裸女画！

功夫不负苦心人

《马太福音》中写道：“不要为生命忧虑，要吃什么穿什么，天上的鸟儿不会播种，不会收割，尚且可以生存，你们，不是比鸟儿们贵重得多么?”深受基督教影响的米勒当然熟知这句箴言的含义，生活困顿的他当然不会每天只是考虑该怎么赚到生活费。他心中的那个梦想——在巴黎画坛上开创出属于自己的一片天地，一直从未停止过。米勒除了在生活窘境逼迫的情况下画裸体女人之外，他还不断地向巴黎官方沙龙画展递交自己的画。米勒第一次向官方沙龙画展递交的作品是《圣安娜教圣处女玛利亚学习阅读》，但是不幸被沙龙拒绝，之后米勒又连续向沙龙递交了三次画作，结果无一例外，全部被拒绝展出。

所谓的官方沙龙是指一年一度的官方绘画展览，它是画家成名的最佳场所，因此，画作在沙龙中获奖是一部分画家毕生的最高追求。为了能够尽快让自己的画得到大众的认可，米勒便坚持不懈地向沙龙递交自己的作品。然而，官方沙龙对作品的评定是有一套特定的严格标准的：首先，在绘画题材上，沙龙更偏爱那些歌颂国家体制或表现战争的作品，也偏爱那些人物都穿着优雅礼服的肖像画，以及赞美基督教真理的作品都往往会获得很高的评价；其次，在绘画技法上，沙龙的要求也相当严格，一切不符合传统的东西都有可能被排斥在外。描绘农民的作品则很少入围沙龙，即使入围的画作，也不可能像是米勒这种直接表现农民的劳作、生存等真实状态的画作，这种情况一直持续到法国二月革命之后才有所改善。

米勒真的快要崩溃了，有的时候他也会在心底呐喊："为什么？为什么上帝总是这么不顾怜我这个可怜的农民？为了保证最基本的生活费用我已经不得已画了那些我觉得实在不堪入目的画，难道我连递交给官方沙龙的画也不能法国二月革命，是 1848 年欧洲的革命浪潮的重要组成部分。当时的奥尔良王朝（即七月王朝）的失政、国王路易腓立缺乏政治魅力等原因导致了法国人民发起了这次革命，推翻了七月王朝，建立了法兰西第二共和国，路易·拿破仑·波拿巴（拿破仑·波拿巴的侄子）当选共和国总统。二月革命鼓励了欧洲其他地区的革命运动。

画自己所热切想要画的农民吗？”黑暗的深夜，身心俱疲的米勒只能在祖母寄来的家信中找到一丝丝温暖的慰藉：“孩子，你要永远记住，你首先是个基督徒，然后才是个艺术家，就照着上帝的意思去做吧。当你孤独或是遇到难处时，《圣经》会给你力量；当你受到诱惑时，《圣经》会让你反省。好好读读吧，神永远会帮助你的。”米勒拿起床边那本旧旧的磨破了边儿的《圣经》，紧紧地抱在怀里，希望从中可以得到支撑下去的力量。不能妥协！不能放弃！

终于，功夫不负苦心人！1840 年，在米勒又向官方沙龙递交的两幅肖像画中，有一幅被沙龙接受了！听到这个消息的米勒喜极而泣："我的画终于有人认可了啊！我终于有资本可以回家见我那可怜的母亲和慈爱的祖母了啊！"于是，米勒迫不及待地收拾行囊，踏上了归乡的路。此后的一段时间内，米勒都是以肖像画家的身份从事绘画创作。

"格鲁齐，我回来了！"走在泥土地上，米勒的心情既轻松又紧张，轻松的是他终于要回到温暖的家了，紧张的是他已经太久太久没有回家了……路边的小草在风中轻轻摇摆，搅得蒲公英的种子躁动不安，一旁的大树翠绿欲滴，一顶顶大大的树冠好像绿色的手掌触摸天穹，花儿开得正娇媚，引得蜜蜂围着花丛跳起圆舞曲。

家乡的自然风光与巴黎的城市景象是多么的不同啊！米勒想起了巴黎的生活：白天，所有的生气都像是被锁进了高耸的建筑内，炎热的空气像是一张密不透风的网，包裹住了整座城市，让人只想拼命逃脱，翻滚着热浪的街头，只有流浪汉和落魄的画家在游荡，一切都充斥着了无生气的空虚。而到了夜晚，所有的呼吸又都变得躁动了起来，歌剧院、舞厅的门口总是车水马龙、人来人往，此时，流浪汉和落魄的画家早已经被这灯红酒绿的喧嚣淹没了，有的换了一副嘴脸，想方设法让自己能够不断靠近以至于终能挤进那正在寻欢作乐的上流人群；有的在角落里静静地窥视着上流社会的男男女女的酒色生活；有的则继续着自己的流浪和绘画……

想到这里，米勒叹了口气，而又转念一想，现在自己终于暂时摆脱了那种生活，米勒顿时觉得浑身轻松舒坦。放眼望去，田地里的庄稼长势正好，深呼吸一口家乡的空气，啊，满满的是童年的回忆的味道，是家的温馨、亲人的眷恋。此时的米勒真的好想大喊一声："多么美丽的格鲁齐啊！我爱你！"沿着小时候不知道走过多少遍的田埂，米勒继续往前走，终于来到了魂牵梦萦的家门口："门口那颗大树满身是岁月流逝过的痕迹，你还记得那个用你的树枝当作画笔的小男孩儿吗？树下的那个小板凳，你还记得那个坐在你身上沉入书中世界里的小男孩儿吗？我回来了，我真的回家了！"

"妈妈！奶奶！我回来了！你们的弗朗索瓦回家了！"米勒站在家门口，没有走进去，他想要给母亲和祖母一个惊喜。忽然他听到屋内一声板凳碰倒的声音，接着就是弟弟妹妹们从屋中冲了出来，后面是早已泪眼婆娑的母亲和祖母。祖母迈着蹒跚的步伐，走到米勒面前，颤颤巍巍地伸出手，仔细地抚摸着米勒那张经历了生活磨难的脸："我可怜的弗朗索瓦啊！你在外面受苦了，看你这脸，都瘦了……瘦了好多呐……”说着说着，祖母就哽咽了，而米勒早已是泣不成声，伴着这几年来在巴黎所遭受的苦难和对故乡的思念一起宣泄了出来……

乡里乡亲们听闻米勒回来了，而且大家也都听说了米勒的画在巴黎被官方沙龙选中的消息，大家都觉得这可真是个了不得的消息呀！乡亲们陆陆续续地都围在了米勒的家门口，想要亲眼看看从巴黎回来的画家会是个什么样子。“咦？怎么从巴黎回来的弗朗索瓦还是这个样子啊？怎么还是一身农民的行头呀？”乡亲们见到米勒仍穿着粗布衣裤和木鞋，感到十分疑惑与诧异。然而米勒的祖母擦了擦泪水，高兴地说道：“这样才是我的好弗朗索瓦啊！我一直告诉他不要被巴黎的绚烂外表迷惑了，不要被浮华的诱惑俘虏了，我的弗朗索瓦做到了，他真是我的好孙子！感谢上帝！”

忽然人群中发出了一个声音：“弗朗索瓦，既然你的画都在巴黎被挑中了，那你也给我们画画呗，我们也好不容易有机会能沾一下艺术的光呐！大伙儿说是不是啊？”这一说不要紧，乡亲们都响应起来了：“对对对！弗朗索瓦你什么时候赶紧给大伙儿都画张画吧！”“好的！好的！我早就想画乡亲们了，也曾经尝试过呢，只不过我是偷偷地观察你们，你们不知道罢了，呵呵！”米勒被乡亲们簇拥着，他真正有了一种存在感、一种被在乎的感觉，在格鲁齐他才觉得自己是完整的，情感世界不再是空白的、不再是孤独的……

米勒不仅是外表没有改变，其实他的内心世界也依旧是那么纯朴。到家的第二天，米勒就卷起裤腿，拿起锄头，戴上草帽，早早地出发去田里了。虽然在巴黎待了好几年，但是米勒身上却没有一丝一毫的那种巴黎上层社会的浮华之气。“真的是好久没有过这样痛快地流汗的感觉了，重新做一个实实在在的农民的感觉真好！”米勒实在是太享受这种劳动的感觉了！他太热爱农村的生活了！

米勒的祖母坐在椅子上，仔细地整理好自己的衣角，这是米勒最想画的人。

祖母似乎有些紧张，但嘴里还是在不断地鼓励自己亲爱的孙子：“我亲爱的弗朗索瓦，你慢慢画，别着急，你也不用太仔细画，随便画画就好啦。我坐在这儿不会累，但你站在那里费心画画可就不一样啦，我想你随便画画也会很好看的。”

“好啦，奶奶，您只管坐在那里就好啦。我要开始画啰！”米勒透过画纸向祖母望过去，小时候那一个个充满

《圣经》故事的星光灿烂的夜晚又重新出现在眼前，此时此刻，米勒思绪万千：“在我离开家的这几年奶奶一定很操心吧，看她实在是太憔悴了，我一定要把我最爱的奶奶真真切切地画出来，不管奶奶额头的皱纹是不是越来越深了，她在我心中永远都是世界上最美的奶奶……”

米勒终究还是要离开家乡的，他还不能就这样待在家乡，他还需要再次回到巴黎，回到那个虽然有些乌烟瘴气，但毕竟是整个法兰西艺术中心的巴黎。米勒还需要继续学习，光是在官方沙龙中被接受还是远远不够的，还需要在巴黎官方沙龙画展上获得一些影响力才可以！于是米勒再次走进了巴黎，这一次，米勒不再迷茫，不再动摇，他愈发坚定，愈发坚韧，米勒一直知道自己要走的路是什么样子的。

之后，米勒更多的画被官方沙龙所接受，到了 1847 年这一年，继之前的 1840 年被官方沙龙接受了一幅肖像画之后，米勒所画的《从树上被放下来的俄狄浦斯》在沙龙画展中大获成功，这也是米勒的画作第一次在巴黎官方沙龙画展上获得巨大成功。

第4章：“我只是个农民/农民中的农民”

两任妻子的故事

待在家乡的这段时间内，米勒邂逅了他的第一任妻子——裁缝店老板的女儿波琳娜·维尔吉妮·奥诺。

看那个坐在河边的女孩儿，有着一头乌黑亮丽的头发散落腰间，不知有多少次，米勒被她扰得思绪纷飞；女孩儿的眼睛很大，亮亮的，好像夜晚天空中的星星，还会说话呢；小巧的鼻子下面是一张小巧的嘴巴，小嘴笑起来就会显出两个浅浅的酒窝；女孩儿皮肤白皙，微微透着粉色，像是一朵娇羞的水莲花，清新脱俗。这个叫作波琳娜·维尔吉妮·奥诺的姑娘深深地把米勒吸引住了。米勒发疯似的爱上了她，一天不见就心痒难耐，晚上一个人躺在床上更是辗转反侧，夜不能寐。

终于，在一个傍晚，夕阳西下，天边的晚霞十分绚烂，米勒把女孩儿约到了小河边，他决定鼓起勇气向女孩儿表白。

女孩儿还没有来，米勒向女孩儿来的方向不停地张望，然后又不停地整理自己的衣服，他害怕女孩儿嫌弃他太邋遢。已经到了约定的时间，可是女孩儿还没有出现，米勒着急地不停地来回走动。“难道她讨厌我？连面都不肯见？”正当米勒担心地直搓手时，他感觉到身后一阵沁人香气。“嘿。”女孩儿轻轻地打了声招呼，“对不起……我来晚了……”

米勒感觉自己的心快要跳到嗓子眼儿了，他缓缓转过身，故作镇定地说：“哦，没有关系，是我来得太早了……”

女孩儿“扑哧”一声笑了，她说：“你的脸怎么这么红呀？”

“脸红……哦，可能是……可能是太热了……对！太热了！”米勒赶忙做出扇风的手势，“要不我们沿着河岸散散步吧。”

于是，米勒和女孩儿沿着河畔缓缓地走着。米勒十分紧张，他不知道该怎么向女孩儿开口，他和女孩儿说了很多关于绘画的问题，终于，女孩儿忍不住了。

“你约我出来，该不会只是想和我谈论绘画吧?”女孩儿的心思总是细腻而敏感的。

“我……我……”天哪！米勒还没有准备好，他担心自己一旦说出来，万一女孩儿不答应，那岂不是连做朋友都很尴尬，他承受不了这样的结果。可是，如果今天再不表白，恐怕以后都没有机会了。所以，米勒经过一番思想斗争之后还是决定就此赌一把：“我……我喜欢你！你愿意……和我在一起吗?”

谁知女孩儿的脸比西边天空上挂着的夕阳还要红，虽然心思细腻的她早已察觉米勒对自己的好感，但是当米勒真的在她面前表白时，她还是十分羞涩，一时间说不出话来：“我……我……”

米勒心中一沉，难道女孩儿真的不喜欢自己吗？不行！他需要再尝试一次：“维尔吉妮，我喜欢你！我是真的喜欢你！当然如果你不喜欢我也没有关系，就当我什么都没有说过，好不好?”

“我……哎呀……其实我也喜……欢……你……”女

孩儿不忍心看到米勒如此难过伤心的样子，她还是勇敢地表达了自己对米勒的爱意。

啊！米勒幸福得简直要跳起来了！“什么？我没有听错吧？你可以再说一遍吗？”

“我说，我——喜——欢——你！”女孩儿说完就赶忙害羞地把脸捂住。

米勒先是怔住了，不过一秒钟就激动地反应了过来，他抱起女孩儿旋转着，在天空、河水、夕阳、小鸟的见证下大声地宣布道：“她答应我了！她愿意和我在一起！我一定是世界上最幸福的男子！我一定会好好照顾她的！让她也成为世界上最幸福的女子！”

终于，在1841年11月，米勒同波琳娜·维尔吉妮·奥诺结婚了，并在不久之后两人定居巴黎。婚后的生活是那样的甜蜜，虽然在巴黎的生活并不容易，但是有一个心爱的人在身旁彼此相互扶持，穷困的生活也变得不再孤独，充满温馨和甜蜜。可是，不知道上帝是要惩罚米勒太容易得到幸福，还是米勒的生活注定就是苦难的，在婚后的第三年，波琳娜身患不治之症，于1844年4月病逝。米勒的世界瞬间坍塌，“上帝啊！我做了什么让您可以这么残忍地对待我？您为什么要夺走一个如此纯洁的女孩儿的生命？

为什么啊！”伤心欲绝的米勒似乎掉进了深不见底的黑洞，孤独、冰冷、绝望的感觉毫无防备地迎面袭来……巴黎成了米勒的伤心之地。为了不再睹物思人，不再因为悲痛而哭得昏过去，在朋友的劝说下米勒返回了瑟堡市。

回到瑟堡市，米勒每天除了去美术馆看画展，就是去图书馆看书，他把自己的生活安排得满满的，好让自己没有时间去回忆关于已经逝去的妻子的一切。然而思念就像无缝不钻的风，太不听话，米勒越是想忘掉就越是难以割舍，尤其在深夜里，躺在床上望着窗外天空中的星星，就会想起亲爱的妻子那双亮晶晶的大眼睛，泪水就不能自已地从眼角缓缓滑落……

在这段痛苦的时间里，有另外一个女孩子——卡特琳娜·勒梅尔一直陪在米勒身边安慰他。勒梅尔是一位年仅18岁的女佣，她早就注意到米勒了，她十分钟情于像米勒这么深情的男子，希望有一天自己可以被米勒接受，她甘愿成为波琳娜的替身，只要自己可以陪在米勒身边一辈子，照顾他、守护他、爱惜他。终于，米勒注意到了身边的这个女子，她也有一头乌黑的密发，有大大的亮亮的眼睛，她更加包容、更加温柔……

《波琳娜·维尔吉妮·奥诺画像》

米勒在作画的时候，勒梅尔总是静静地坐在旁边陪着他，有时候米勒也会停下手中的画笔，和勒梅尔谈谈绘画："卡特琳娜，你喜欢什么样子的画呢？"

勒梅尔轻声回答道："我……你现在画的这样的画我就很喜欢呀！"

米勒微微笑了笑。"我现在画的画呀……要知道，之前在巴黎的时候我还画过很多风格迥异的画……"米勒摇了摇头，"那些画都不够好，我希望以后我画的这些农民画都可以得到认可啊！"

"会的！我相信你一定可以的！"勒梅尔语气坚定，似乎不论米勒做什么她都百分之百地支持他。

米勒终于忍不住了："你为什么要这么相信我？你为什么要对我这么好？你知道我不可能回报给你什么……"米勒不想就此耽误了一个正当美好年纪的女孩儿。

勒梅尔的声音忽然变得有些冰冷："难道你觉得我照顾你就是想要你回报我些什么吗？那你也太瞧不起我了！"

"不不！我不是这个意思！我是觉得这样对你太不公平了。你不应该把时间浪费在我这里，你值得有更好的男子来照顾你。你快走吧……"其实米勒对这样一位坚韧、温柔、善良的女孩儿还是有些心动的，只不过他没有办法走出痛失爱妻的阴影。

“浪费？我心甘情愿来照顾你，并没有谁来强迫我，怎么会是浪费时间呢？你知道的，只要你愿意，我可以在你身边照顾你一辈子……我想你那逝去的妻子也一定不想看到你现在这么孤独、这么颓丧的生活吧……”勒梅尔低下了头，默默地流着泪。

看到这么美好的一个女孩儿如此深情地对待自己，米勒再也无法压抑自己内心的情感，他紧紧地拥抱着勒梅尔：“卡特琳娜……对不起……我不该说让你离开的话……对不起……以后我也会像你对我好一样对待你……”

终于，有情人终成眷属，1845 年，米勒和卡特琳娜·勒梅尔结婚了，之后他们便返回巴黎定居了。从 18 岁起，勒梅尔就一直陪伴在米勒的身边直到米勒逝世，一生和米勒共育有九个孩子，然而他们的婚姻却始终不被教会承认。1853 年的时候，他们曾举行了一次婚礼，但这次婚礼并不是在教会举行的。直到 1875 年 1 月 3 日，米勒同卡特琳娜·勒梅尔才按照宗教仪式再次举行了婚礼。

收获友谊

其实，米勒可以算是一个幸福的人了，他有深爱的妻子陪在身边同甘共苦，有慈爱的祖母和温柔的母亲在家乡守候，并且，在 1846 年和 1847 年这两年，米勒又收获了几段珍贵的友谊。

在 1846 年，米勒结识了纳尔西斯·迪亚兹。

纳尔西斯·迪亚兹是一个西班牙人，与米勒拥有一个完整幸福的家庭相比起来，迪亚兹的境遇就显得没有那么幸运了。早年由于他的父亲参与革命，被祖国放逐，于是迪亚兹自幼就在法国各地流浪，在还未成年时就成了一名孤儿，幸好后来被一个好心的牧师抚养长大。迪亚兹十分热爱大自然，他常常会去森林里感受大自然的美好，沉醉于自然的神奇与美妙之中。有一次，迪亚兹像往常一样，又来到了一片森林里“探险”，可是没有想到的是，这一次森林里潜伏着的危险正在等待着他——他不幸被毒蛇咬伤了。没有办法，为了保住性命，迪亚兹只好接受被切断一条腿的事实，成了跛子。一个人的生活总是更加艰难的，为了生计，迪亚兹到了一家陶瓷工厂当画图工人，然而令人始料未及的是，这份工作竟然成为迪亚兹走上绘画道路的源头！在当画图工人的这段时间内，由于工作内容的关系，迪亚兹渐渐地发现自己对绘画颇感兴趣，而且似乎还有些绘画天赋。后来，迪亚兹便专门从事绘画事业，成了一名画家。在 1847 年的时候，他的一幅以枫丹白露林为描绘对象的风景画获了奖，从此，纳尔西斯 · 迪亚兹作为一名画家的名字为人们所熟悉。

一个偶然的机会，迪亚兹看到了米勒以田园和农村生活为绘画题材的作品，这让迪亚兹深受感动，觉得米勒画出了他心底对乡村的眷恋之情。终于，两人成为知交，米勒的作品为迪亚兹带来了新的体验和灵感，而迪亚兹也成为米勒苦难生活的支持力量。

迪亚兹不仅常常带着米勒的画作到各地流浪，为米勒推销画作以便多卖出一些画，好为解决米勒的生活困难出点力；他更是在米勒为画作落选失望时，极力鼓舞米勒："弗朗索瓦，你可不能因为这一次的落选而气馁啊！还记得有一位叫西奥多·卢梭的画家吗？他的画作已经在画展中落选十三次了，其实我觉得他的风景画是非常杰出的。虽然没有成功被选中，可是，你看，卢梭他从来都没有放弃啊，对于这些事情他也从来都不太在意。卢梭现在就住在巴比松附近的枫丹白露林中的破破的农舍里专心作画，他从来不阿谀大众。弗朗索瓦，我想你一定明白，凡是想画出真正艺术作品的画家，他们的道路总是比常人更为艰苦的！”就是这样，迪亚兹常常给予处于困境中的米勒很多的帮助与鼓励。

1847 年，米勒又结识了阿弗列德·山谢和西奥多·卢梭。

西奥多·卢梭是米勒这一生中最为亲密的朋友，他们之间的友谊是那样的纯粹、深刻，他们之间发生了太多太多动人的故事，关于他们之间的点点滴滴，我们将在后面的叙述中慢慢展开。

至于阿弗列德·山谢，他是一名画评家，由于注意到米勒与众不同的画风而亲自去拜访了米勒。

“请问米勒先生在吗？”山谢敲了敲半掩着的门。由于没有得到回应，在好奇心的驱使下，山谢推开门走了进去，他看到满地的画纸和孩子们的玩具，在画板后面一位农民模样的男子正在专注地作画。“他大概就是米勒先生了吧。”山谢暗暗地想着。

门被推开的声音终于让米勒意识到有人来了，他停下画笔，从画板后面走了出来，看到这位“不速之客”感到十分疑惑：“请问您是?”

“哦哦！我是阿弗列德·山谢。想必您就是米勒先生了吧？我是巴黎的一名画评家，我十分欣赏您的一些画作，所以今天就想来亲自拜访您，有冒昧之处，还望您见谅!”山谢赶忙脱下帽子，表明了自己的来意，“不知道米勒先生可否愿意让我有幸一睹您的画作?”

“哦……原来是这样……”米勒一边小声嘀咕着一边从角落里拿出一沓画作，上面已经积了一层灰尘。他其实不太明白，为什么一位巴黎来的画评家会对他的画感兴趣。

山谢拿着这沓画，从中挑出很多以田园、农民为主题的作品仔细端详，这不一般的举动引起了米勒的注意，他忍不住问道：“恕我冒昧！请问山谢先生是比较喜欢我的这些画着田园风光和农民生活的画吗?”

“啊！是的！是的！我就是因为您画了这些与众不同的题材的作品才特意来拜访您的啊！我迫不及待地想要看到更多的您的伟大作品!”山谢激动地说着，目光却没有从画纸上移开。

这可让米勒有了兴致："那请问您也是农民吗？"

"我就是在乡下长大的！"

米勒没有想到自己竟然会和一位巴黎的画评家产生艺术上的共鸣。之后他俩又谈了一些对于绘画理念的看法，共同的绘画理念让他们成为了莫逆之交，在绘画的道路上山谢也帮助米勒渡过了不少的难关。

在这一年里，米勒还开始了同政府官员阿尔弗雷德·桑西埃的友谊，桑西埃后来成为米勒的终生朋友和庇护人，并成为米勒传记的作者。

此外，贡斯当·特洛雍、夏尔·雅各、奥诺雷·杜米埃、柯罗等人都和米勒相继成为好朋友，其中有不少画家都是后来巴比松画派的代表人物。米勒的朋友不是很多，但是每一个朋友都是可以在彼此困难时相互扶持、在对方成功时送上真挚祝福的知心之交。一旦与米勒成为朋友，米勒就会把他当作一辈子的朋友，在米勒的眼中从来没有"背叛"和"抛弃"这两个词。

身不由己

巴黎的生活从来就没有宽裕过，小两口的生活过得十分拮据。

这天，米勒又拿着自己没有卖出去的画垂头丧气地回到了家里。其实，刚刚也不是没有人愿意买他的画，只是他觉得那个人出的价钱太低了，他不能任人随意糟蹋自己的画。米勒一步一步地往家里挪动着，远远的，他看到妻子正在缝补自己那双已经破的不行了的鞋子，而妻子的双脚则冻得不成样子……

看到这种情景，米勒自责得想要扇自己巴掌："啊！我多么该死啊！连自己的妻子都照顾不好，还凭什么去顾及自己的什么自尊！"于是，米勒没有回家，他转身回到刚才那个想要买他的画的人面前，那是一个卖鞋的老板。

"鞋老板，我这画卖给您了，就按您刚才出的价钱吧……另外我想在您这儿买一双皮鞋，不知道这钱够不够？”

鞋老板有些惊讶，他没有想到米勒会是这么穷的一个画家，“够了够了……”

米勒抱着一双崭新的鞋子回到家，把它捧到了妻子的面前：“亲爱的卡特琳娜，我实在该死！我每天只顾着自己的绘画，全然不顾你的感受，我太不爱惜你了！来，这是我刚卖画挣来的钱，就在鞋店给你买了双鞋子，这样你的脚就不会被冻伤了……”说着，他为妻子脱下了那双补了又补的鞋子，用手温暖了一下妻子冻伤的双脚，然后为她穿上了新鞋子。

面对这突如其来的暖暖的爱意，勒梅尔鼻子一酸，眼泪大滴大滴地落了下来：“亲爱的弗朗索瓦，你怎么能拿你辛苦挣来的钱给我买鞋子呢？要留给家里多买一些面粉才是啊……我这双鞋子补补还是可以再穿一个冬天的……”

“不，不，你不要这么委屈自己，我是你的丈夫，我有责任给你一个更好的生活。”

勒梅尔哭得更厉害了：“我……只想安安静静地……陪在你的身边……照顾你……就像当初我嫁给你时承诺的那样。你一个人……要撑起整个家庭的生活……真的很不容易……你肩上的担子太重了！我……怎么……还能有其他的奢求呢？就让我们彼此相守度过这一生吧……”

“亲爱的卡特琳娜，让我为你画一幅画吧，我要把你的美丽永远留住……”米勒捧着妻子那因为操劳整个家庭的生活而日益干裂、粗糙的双手，要知道这原本是双多么娇嫩的手啊，米勒流泪了，那爱怜的泪水滴落在妻子的手上，勒梅尔感受到了这份爱的温度。米勒只有用自己的画笔将自己对妻子的爱永远地留住，不管日转星移，万物变迁，即使妻子的青春不再，姿色不再，脸上的皱纹再多，步履再蹒跚，直到生命的结束，米勒也要把对妻子的爱留住，超越时间，超越生命……

后来，米勒和勒梅尔陆续育有九个孩子，虽然这个十一口之家的生活一直算不上宽裕，常常需要为面包奔波劳累，用画换床，给接生婆画招牌等以得到一些报酬，但是，卡特琳娜·勒梅尔从未离开过米勒，成为陪伴米勒一生的女人。米勒与勒梅尔从始至终都相守相伴，不离不弃，用心经营这个艰难但温馨的小家庭……

然而，现实总是要比理想残忍许多。米勒最后还是为了生计，为了不在巴黎因为固执坚守自己的绘画理想而陷入卖不出去画的尴尬境地，从而没有任何收入而让家人跟着饿肚子，还是创作了一系列充满肉感的裸体画。

《米勒夫人勒梅尔画像》 米勒 1844 年 油画

日本八王子市村内美术馆藏

《卡特琳娜·勒梅尔画像》　米勒　1849 年

黑色蜡笔　美国麻州波士顿美术馆藏

但是，米勒从未有过放弃自己的绘画艺术理念的想法，并且米勒的祖母也一直在督促自己的孙子，她害怕巴黎那像潮水一般的浮华之气将孙子单纯的心灵淹没了，她曾从家乡给米勒寄了一封信，信中祖母千叮咛万嘱咐："切记不要画任何污秽淫亵的东西，哪怕是国王叫你画也不行，不要看坏书，多读一些《圣经》。"实际上，米勒也正是如同祖母所告诫的那样，只是为了敷衍生计而画了一些可以卖得比较好的裸体画，并且还不是那种赤裸裸展现肉欲的画，他的裸女画仍具有一定的艺术价值。

下面我们就来欣赏米勒的一幅裸女画——创作于1848年的油画《森林河畔之浴女》。

一对姐妹，她们在森林里玩耍，天气十分燥热，女孩们流了一身的汗，于是她们决定去森林掩映下的一个小河里沐浴。河水十分清澈，冰冰凉凉的，泡在水里舒服极了，姐妹俩在水里嬉戏，银铃般的嬉笑声回荡在整个水面和整片天空。天色渐渐暗了下来，于是姐姐开始催促妹妹赶快上岸："快穿好衣服吧，我们该回家吃饭了，要不然妈妈又该着急了。"说着，姐姐立刻就爬上了岸。她回头看了看妹妹，妹妹由于玩得太尽兴了，导致她已经没有什么力气爬上岸了。于是姐姐赶忙回身，伸出双臂，以便妹妹可以支撑着自己的身体顺利爬上岸。然后，姐妹俩穿好衣服，手牵着手，唱着歌谣，在晚霞的陪伴下蹦蹦跳跳地回到了家……

《森林河畔之浴女》似乎就是向我们展示了这样一个美好的故事，米勒使用写生式的手法，将姐姐回身用身体支撑妹妹爬上岸这一情景定格。米勒让姐妹俩的形象几乎占据了整个画面，在姐妹俩背后用简单的笔触勾勒出丛林的环境，而对于姐妹俩，则用流畅奔放的笔触刻画出她们健康、丰满的身体形态。整个画面构图十分和谐，色彩对比和明暗对比都十分强烈，突出表现了姐妹俩爬上岸的舒展姿态，展现出健康、美丽的人体，也将生命的激情与对生活的热爱展露无遗。

所以，我们可以看出，米勒的裸女画绝对不是赤裸裸地去画女性裸露的身体，而是依旧坚持展现真实生活情态的理念，充满了米勒对生活的热情感受。

是啊！在面对巴黎艺术界纷繁的现代绘画艺术形式和风格的诱惑时，米勒就是这样一直在平静地寻找着属于自己的一种绘画风格，一种现实主义与古典主义相结合的艺术方式。

《森林河畔之浴女》　米勒　1848 年　油画
法国巴黎奥赛美术馆藏

《簸谷者》

时间的大指针在不停地向前移动着，此时，已经是米勒来到巴黎的第十一个年头了。1848年，马克思和恩格斯共同完成了伟大的《共产党宣言》，开启了国际共产主义运动的新阶段，使得欧洲大陆爆发了一场声势浩大的资产阶级民主革命，从意大利开始，蔓延至德国、奥地利等欧洲国家，法国则爆发了浩浩荡荡的“二月革命”。法国劳苦大众面对七月王朝的失政，纷纷上街游行示威，振臂高呼“工人万岁”、“革命万岁”！最终，法国“二月革命”取得阶段性胜利，成功推翻了当时阻碍资本主义进一步发展和损害工商业资产阶级利益的金融贵族的统治，建立了资产阶级民主共和国——“法兰西第二共和国”。在这场工人们站出来抗争的革命中，米勒也参与到其中，与工友们坚守同一战线，为生存和权利而抗争。

这次革命浪潮对米勒的绘画创作也产生了很大的有益影响。首先，工人们的奋起抗争，触动了米勒的神经，他想要为这些为了生活而努力抗争的工人画画。在这段时期，米勒画过机械工，画过采石工，画过掘土工，也画过忍饥挨冻的乞丐等等最底层人群的生存状态。其次，在“二月革命”期间，由于共和国取消了巴黎官方沙龙画展的评委会，使得沙龙对每个画家都自由开放，趁此良机，米勒成功地突破无理的阻碍，在官方沙龙中展出了他的第一幅表现劳动人民的伟大作品——《簸谷者》。这是米勒成为一名真正的现实主义农民画家的起点，也是米勒的绘画走向成功之路的航标，这是一幅在米勒个人绘画史上十分重要的具有转折性的作品，同时在西方现实主义绘画史上也是十分重要的具有开启性的画作。

这天，刚刚得知自己的《簸谷者》获得沙龙认可的米勒高兴极了、感动极了，他几乎是飞奔到家里的。“亲爱的卡特琳娜！我的画被展出了！我实在是太高兴了！”米勒一把抱起正在给孩子洗衣服的妻子。

妻子先是被吓了一跳，然后立刻回过了神：“真的吗？真的吗？太好了！太好了！我就知道我亲爱的弗朗索瓦一定可以的！”她激动地抱着米勒，又是哭又是笑：“你在绘画上辛苦付出这么多年，今天终于得到回报了！我实在是太为你感到骄傲自豪了!”

“我亲爱的卡特琳娜，如果没有你的相守相伴，我真的不知道我是否能在巴黎撑这么久，是你成全了现在的我啊，我爱你!”米勒低下头，深深地在妻子的额头上印下一个吻。

勒梅尔幸福地转过身，对着两个小女儿说道：“小玛丽、小路易丝，你们知道吗？你们的爸爸是一个出色的画家，你们一定要以他为荣……”

女儿们还太小，她们还不太明白到底发生了什么事情，可是她们似乎能看懂爸爸和妈妈满脸幸福的样子，“依依呀呀”地露出了笑容，依偎在爸爸和妈妈的怀抱里。这个苦难贫穷却无比温馨幸福的一家子啊，终于得到了他们应有的喜悦……

下面我们就来欣赏一下这幅具有开创性意义的画作——《簸谷者》。

农仓里，一位农夫正拿着簸箕使劲地摇晃着，以方便挑选出小麦。被高高抛起的谷粒在空中划出完美的弧度，让人觉得似乎连簸谷的声音都可以听得见，“沙——沙——沙——”

在这幅《簸谷者》身上还发生了一个有趣的小故事。1848 年，米勒创作出最初的这幅《簸谷者》，可是后来不知道什么原因《簸谷者》原作失踪了，于是，等到米勒晚年的时候，他又重新画了一幅新的《簸谷者》。至于《簸谷者》原作，则直到 1972 年才再度在美国被发现。

《簸谷者》　米勒　1848 年　油画

英国伦敦国家美术馆藏

《簸谷者》　米勒　油画　法国巴黎奥赛美术馆藏

上面一幅是米勒的早年原作，下面一幅则是米勒晚年的重作。如果比较两幅全都出自米勒之手的《簸谷者》，我们会发现两者微妙的不同。原作中的农夫头上戴了醒目的红色头巾，而在重绘作品中红色的头巾不见了。原作中的农夫比较矮小，而重绘作品中的农夫明显高大了一些。原作中的农夫身体重心微微前倾，硕大的簸箕在矮小的农夫手里似乎显得有些让他吃力，他使用簸箕的力道也掌控得不够好，将小麦抛得太高，看起来是一位没有太多的簸谷经验的新手；而重绘作品中，健壮的农夫身体重心后倾，使用簸箕则十分娴熟，游刃有余之态呼之欲出。在明暗与色调的表现上，原作中呈现出比较黑暗的光感，地面上有浅浅的影子，色调也是比较暗的；而晚年米勒在重绘《簸谷者》时突出表现了光的感觉，我们可以看出这束光的光源是画的左方，让画的立体感更强，让看画的人有种身临其境的感受：一个温暖的午后，农夫吃过了午饭，农仓的木门吱吱呀呀地被打开，农夫拿起地上的簸箕，用力一铲，将大堆谷粒放入簸箕中，立刻忙活了起来，灿烂的阳光照在农夫宽阔的后背，在地面上刻画出农夫劳作的样子……农夫簸出的金黄色谷粒在半空中跳跃，仿佛发出灿烂的光芒，预示着丰收富足的希望……

为什么会产生这样的变化呢？首先，米勒第一次创作《簸谷者》时，绘画的经验还不足，对人物的体貌、结构的把握还不是非常准确；其次，晚年的米勒已经有了那么多年的务农经验，所以重绘作品中对农夫劳动的动作刻画得更准确、更真实；此外，科学技术的发展，使得人们对“光”的认识加强，画家们开始注重对“光”、“色”的感觉表现，这应该也是对米勒有所影响的，使得他在重绘作品中注重对“光”和“色”的明亮的表现；最后，可以很明显地看出，重绘《簸谷者》的整体风格要比《簸谷者》原作显得更为沧桑一些，不言而喻，米勒的人生历练让他的画作也体现出这种成长与成长中的苦难，力量更为深刻，意味更为厚重。

在官方沙龙成功展出《簸谷者》之后，巴黎政府又同意以500法郎的价格收藏米勒的这幅《簸谷者》，对于又在为生活费用而发愁的米勒来说，这真是一个好消息啊！他可以暂时缓一缓，不用那么辛苦了。而且政府愿意收藏自己的画作，对在巴黎画坛独自一人闯荡了这么多年的画家米勒来说，也是最大的安慰，就像突然间得到了上帝的垂怜，得到了救赎……

后来，《簸谷者》在卢浮宫美术馆展出，引起了法国艺术家们，尤其是现实主义题材画家们的关注，米勒的名字在巴黎画坛中渐渐为人们所熟悉起来。

拉开艺术殿堂的新帷幕

使得米勒在绘画上发生根本性转变的还是一次偶然间的听闻。

1848 年的一个晚上，米勒在巴黎街头闲逛，走着走着就来到了画商萧温德的店铺前——这位画商曾经买过几幅米勒的画作。正巧此时，有两个画家模样的青年人正在欣赏橱窗里的画。看到他们指指点点、窃窃私语的样子，米勒抱着好奇的心态往前走了走。唉！这不正是自己卖给萧温德的画嘛！米勒赶快把头低下去，因为这是一幅色粉画，画的是正在洗澡的裸体妇女，米勒并不想看到这种自己为了生计而画的裸女画，现在他只想赶快走开。可是，正当米勒要转身离开时，他听到了两位青年的对话：“哈哈！

这是谁画的呀？怎么画这种东西啊？”“你不知道吗？唉！就是那个叫米勒的穷画家啊！依我看，他除了会画光屁股的女人之外，不会画别的吧！哈哈哈哈！”这句带有强烈嘲讽意味的话语，犹如晴天霹雳，毫不留情地刺入米勒的心脏。

米勒垂头丧气地回到家，看到正坐在家门口缝补衣服的妻子，他像发疯了似的冲了上去，抓着妻子的肩膀用力地摇晃：“卡特琳娜，你说！你说！你说我是不是个只会画光屁股女人的画家？”

勒梅尔不知道米勒受到了什么刺激，竟然如此激动，把她的肩膀弄得很疼，她不由地露出了痛苦的表情：“弗朗索瓦，有什么事情你坐下来好好跟我说，你把我弄疼了……”

米勒终于镇定了一些，他一屁股瘫坐在地上，沉默了好久，最后竟然抽泣了起来：“卡特琳娜，你知道吗？人们都认为我是个只会画光屁股的女人的画家……我是多么的不堪哪！”

勒梅尔终于弄明白到底发生了什么事情，她没有说太多的话，只是告诉米勒：“坚持你自己的绘画梦想。”

米勒愣住了，他没有想到最了解他的人还是身边温柔的妻子。他站起来，紧闭双眼，像是下了千斤重的决心：

“我是让·弗朗索瓦·米勒。我不是个只会画光屁股女人的画家，我要做到奶奶告诫我的那样，坚持不受诱惑，不改初心，不忘记自己最初的绘画梦想。我只是个农民，农民中的农民！我不属于这个浮华的都市，该是时候仔细想想自己未来的路了……我曾经说过的，我要把农民画进艺术里……把农民画进艺术里！”

在“二月革命”取得阶段性胜利后不久，法国很快又爆发了起义，贫穷的阴霾又重新笼罩在底层劳工的世界。战争的残忍与恐怖、政治的黑暗与混乱、疾病的蔓延与肆虐，让米勒产生了一个几乎影响了他全部的绘画生命的念头——逃离巴黎。他实在是厌倦了这种吃了上顿没下顿的日子，厌倦了这种在绘画上违背自己内心想法的日子，厌倦了这种成天躲避着疾病侵袭的日子，厌倦了这种在与贫穷纠缠的过程中还要担心战火是否会燃烧到自己的家门口的日子。

儿时梦中的巴黎是一座无法触碰的城堡，里面藏匿了无数的秘密，而如今米勒眼中的巴黎就像是一座被摧残了的城池，充斥着战争与贫穷；儿时梦中的巴黎是画家们圣洁的天堂，而如今米勒眼中的巴黎街头被充满肉欲的裸女画玷污；曾经的米勒是那么坚持自己的绘画原则，而如今的米勒为了生计被迫去画那些连自己都不齿的裸女画。米勒不能忍受再让生活按照现实的趋向发展下去了，他要扭转自己的生活现实，他不是个只会画裸体女人的画家，那不是他所要画的，他需要有力地证明自己，他要逃离，逃离巴黎……

离开巴黎，去哪里呢？哪里的生活适合一个致力于画田园、画农民的画家呢？而那些以自然田园作为绘画对象的志同道合的画家们现在又在哪里呢？

还记得我们在前面提到过米勒的那位叫作纳尔西斯·迪亚兹的朋友吗？我们知道，迪亚兹常常会在米勒绘画事业受挫时给他安慰与鼓励。在一次谈天中他们聊到了巴比松，聊到了西奥多·卢梭。于是，米勒愈发想要去这个似乎可以改变自己在巴黎尴尬而又艰难处境的世外桃源，愈发想要去见一见早已经幽居在巴比松、倾心于枫丹白露林中的像卢梭一样的画家们。米勒已经迫不及待了，他要到巴比松去！最终，巴比松也的确成了米勒艺术人生发生重大转折的地方。

米勒回到家，他扭扭捏捏了好久都不知道该从何说起，毕竟和妻子在巴黎好不容易安定下来，如果现在再要求妻子和自己离开巴黎，不知道妻子能不能承受。看着米勒一副心事重重的样子，勒梅尔感到十分疑惑，她问米勒：“我亲爱的弗朗索瓦，你今天是怎么了？怎么这么沉默？是不是发生什么坏事了？”

“没有发生什么坏事……卡特琳娜……”米勒轻声说道，“只是，我有个事情想要跟你商量，不知道你愿不愿意。”

“什么事情搞得这么神秘？说来听听呀。”妻子越发感到好奇。

米勒坐直了身子，用十分严肃的语气说道：“我亲爱的卡特琳娜，我们离开巴黎，去巴比松吧！你说好不好？有很多和我有相同绘画理想的画家们已经在巴比松定居了，那里有农田有农民、有山有水有花草，那里的空气很清新，只不过可能那里的生活更艰难，这样就会让你更受累了……你愿意跟我去吗？”

“原来是这件事情啊……”妻子的表情轻松了下来，幸好不是什么让她担心的坏事，她走上前握住米勒的手，坚定地说，“不管去哪里，只要你愿意，我都跟着你，什么也不说，什么也不抱怨，我只想一直跟在你身后，照顾你、照顾孩子、照顾这个家……走，我们走吧！”

米勒十分感动，紧紧握着妻子的手：“谢谢你！谢谢你，卡特琳娜，你就是这样的宽容无私，不管我的决定是错是对，你从来都是这么支持我，我该如何对待你，才能对得起你对我的付出……”

“只要你平安、快乐，我就知足了。”勒梅尔温柔地望着米勒，她把自己的一切都交给了眼前的这个男人，她信任着他，深爱着他……

于是，米勒夫妻俩开始收拾行李，带上儿女准备离开。可是，当米勒真的要离开巴黎时，在离开前的那一刻，米勒内心还是五味杂陈的。其实，他何尝不想留在这座艺术的城堡里呢？他舍不得卢浮宫，舍不得自己在这座城市里摸爬滚打的十二年，只是现实太残酷罢了，他无能为力了，他必须做出选择，选择改变。

终于，在 1849 年，米勒携妻带子离开了巴黎，来到了巴比松。从此，米勒走上了现实主义农民画家的这条“不归路”，儿时心中想要成为的那个画家的样子逐渐清晰起来，逐渐真实起来……

从 1837 年到 1849 年，米勒在巴黎生活的这段长达十二年的日子结束了，这十二年也是他的画作题材最为丰富的时期。其中肖像画是最为引人注目的，展现的情景也各不相同：有纯粹的人物画像，比如米勒为自己的祖母和妻子画的肖像画；有展现童趣的人物画——创作于 1844 年的《少女安顿华妮特 · 佛阿旦小姐》；有《圣经》题材画作——《在拉班帐篷中的约伯》、《鲁特与波兹》等；还有风俗画、风景画等等；也有一系列裸女画，如我们之前提到的创作于 1848 年的《森林河畔之浴女》等等。其中，比较特别的是《少女安顿华妮特 · 佛阿旦小姐》这幅油画。

《少女安顿华妮特 · 佛阿旦小姐》
米勒　1844 年—1845 年　油画
日本八王子市村内美术馆藏

《少女安顿华妮特·佛阿旦小姐》是米勒为数不多的一幅儿童题材的绘画。画中一位可爱的小姑娘正坐在镜子前照镜子，小姑娘有一头长长的橘色的头发，圆圆的脸蛋上有一双大大的眼睛露出微笑的样子，胖乎乎的小手扶着镜框。或许她在对镜子中那个和自己长得一模一样的小姑娘感到好奇，又或许她在模仿妈妈每天早上坐在梳妆镜前打扮的样子，她在欣赏镜中那个可爱的自己呢！米勒用明亮的色调，使用镜子这样一个道具，将小姑娘天真烂漫、可爱机灵的样子淋漓尽致地展现了出来，充满童趣。

第 5 章 “去巴比松！”

充满希望与热情的新生活

巴比松是地处巴黎南部郊区的一个小村落，紧挨着“枫丹白露林”，那是法国最美丽的森林之一。从 19 世纪 20 年代开始，这里就成为一批自然田园风景画家的户外写生场所，到了 19 世纪中期，这里已然成为一个非正式的艺术家聚居地，成为无数怀有自然绘画理念的年轻画家们的朝圣地。

米勒曾用热情洋溢的笔调歌颂着大自然的美好，他说：“大自然尽其所能委身于那些喜爱她、探究她的人，并盼

当年的巴比松已经成为如今的艺术小镇

望得到专心的关爱。我们所爱的作品，事实上也只限于出自大自然的手笔，其他画都是些浮躁无实与庸俗空洞的东西。”米勒来到了巴比松，巴比松自然风光的美丽让米勒沉醉了，巴比松的乡村气息让米勒有了回家的感觉，所不同的是这里还有更为浓郁的艺术气息。纯净的像块蓝宝石的天空上没有一片云彩，天气十分晴朗，和煦的阳光照在人的身上，暖洋洋的，让人不禁想要躺在草地上睡一觉，一阵微风吹过，空气中夹杂着花草的香气，沁人心脾。不远处，有农夫在田地里劳作着，也许他也是个画家，等到傍晚时分，劳作结束后，他便会收拾好农具，坐在画室里、坐在院子里、坐在田野里，对着天空、对着大树、对着农民，把巴比松这美好的一切收进画里。

巴比松紧邻的枫丹白露林里有各种各样的树木，橡树、枥树、白桦等针叶树木层层密密，仿若巨大的、多层次的绿色地毯，将这片土地环绕。春天，红花绿树交相辉映，伴着鸟儿的歌声在风中摇曳，待到秋天来临，森林里的树叶又会慢慢改变着自己的颜色，不同的树木种类呈现出各不相同的色彩，红白相间，美不胜收。所以人们把这片随着季节不同而呈现不同美丽色彩的森林叫作“枫丹白露林”。对于米勒来说，他是如此着迷于枫丹白露林，他曾用文字表达了自己对这片美丽的森林的深切热爱，在给一位友人的信中，米勒这样写道："假如你能去看看森林该有多好！我时常在工作完毕之后在傍晚跑到那里去。森林多美啊！每次我回来时都累得筋疲力尽！森林的静谧和宏大令我震惊，我发现我真的感到恐惧了。我听不懂那些树木在互相说些什么，不过它们确实在窸窣细语，只是我们听不懂罢了，因为我们和它们讲的不是同一种语言，就是这么回事，但是我认为它们讲的是双关语。"米勒渴望深入到自然的中心，抵达自然的深处，亲自去认识自然、表现自然，然而由于对自然太过热爱，使得他对自然产生了一种敬畏的情感，他害怕自己不能够真正地了解自然，不能真实地表现自然。

当米勒在巴比松安顿下来之后，他还写了封信给一个叫作埃米尔·加维特的朋友："大雾给我们周围的一切带来极其微妙的变化，还有那十分壮观的白霜，其美妙之处是人的想象力不可企及的，这样一经打扮，森林显得分外美丽。再平常的东西，像荆棘、草丛和各种各样的灌木丛，在这里显得是那样的不同，这一景象难道不是世界上最美的吗？"是的，巴比松，给予了米勒重新开启一段生命的勇气。

枫丹白露林

开始搬家了！米勒和妻子把大件的家具搬进新屋子里，其实也就只有一张床、几把椅子而已，新屋子其实也就只不过是几间低矮的农舍。但是简陋的生活环境阻挡不住米勒一家新的生活热情，孩子们跟在父亲母亲的身后，搬一些小的生活用品。安置好家具，米勒就帮助妻子一起清扫屋子，孩子们则在农舍门口的大片空地上玩耍，听着不时从屋外传来的孩子们的欢笑声，米勒放慢了打扫的节奏，“来巴比松的决定应该是对的吧？虽然这里的生活条件比较简陋，但是我们是快乐的、自由的。听——孩子们那欢快的嬉笑声，孩子们快乐我也就没有什么太多的奢求了……”回头再望了望正在忙活的妻子的身影，米勒的嘴角不禁地往上翘了起来……也许，生活本来就是可以如此简单地快乐幸福起来吧。

清晨，米勒会在花园里锄锄草、浇浇水，农忙时便会扛着农具到田地里去劳作，一直劳作到傍晚时分。在回家的路上，米勒看见远处炊烟袅袅，那一定是妻子做好了晚饭在等待劳作归来的丈夫。路上几个从田间归来的农夫一起向家的方向迈进，路上抽支烟、说说话，一天的劳累在傍晚带着花草香气的风中就被吹散了……

清闲的时候，米勒会坐在自己的画室里画画，或是一个明媚的晴天，午后的阳光从窗口倾泻而入，屋内一片灿烂；抑或是一个清冷的雨天，窗外淅淅沥沥，听着雨打枝叶的“噼噼啪啪”声，想象着枫丹白露林里鸟儿归巢、风吹叶舞的场景……这一切的一切都成为米勒画笔下定格出的美好风景。米勒喜爱在房间内作画，而不是户外写生，所以他常常是在外面仔细地观察自然与生活，画很多的素描进行素材收集，然后再在室内进行自我想象的加工，完成绘画创作。

晚上，是米勒照顾孩子们的时间，孩子给这个贫困的家庭带来太多的快乐印记，米勒宠溺地称他的孩子们为“小癞蛤蟆们”。每天晚上，在闪烁的昏黄灯光下，米勒会给孩子们讲故事、读诗集。每当这个时候，米勒总会有种被带回了自己的童年的感觉——那一个个星光灿烂的夜晚啊，祖母在给怀中的小米勒讲《圣经》故事。在巴比松定居之后，米勒更能感受到这种家庭温暖的天伦之乐。米勒的朋友佩蒂后来回忆道：“大脑袋、宽肩膀的米勒坐在没有桌布的长桌子的主人位置上，孩子们坐在他周围，把他们的陶瓷盘子传递到冒着热气的汤锅那里。米勒夫人正在哄她怀里的婴儿入睡。屋里暂时安静了下来，除了火炉旁的打呼噜声外，静得什么都听不见。”其乐融融、温馨和谐的家庭生活也使得米勒的画作呈现出一种安静祥和的感觉。

巴比松充满希望与热情的生活让米勒在绘画上也开始了一段新的伟大旅程。1850 年，米勒创作出他来到巴比松之后的第一幅名画——《播种者》。

清晨，天刚蒙蒙亮，地平线开始发白，一位农夫从睡梦中醒来了，他做了一个梦，梦见他播下去的种子都长出了新芽，然后又迅速地抽穗，一派大丰收的景象，“要是这个梦能成真就好啦！唉……该起床了，今天还得去播种种子呢！”农夫在心里默默地说道。他望了望睡在身边的妻子和孩子们，妻子那日渐暗黄的脸，皱纹无情地占据了妻子本该娇嫩的皮肤，妻子乌黑的头发中依稀可以看见几根苍白的发丝。“唉……真是辛苦你了……多睡一会儿吧……”农夫起身，轻轻地吻了吻妻子的脸颊，又把孩子们不老实的腿脚踹开的被子掖好，他蹑手蹑脚地、轻轻地，生怕发出声响，吵醒了妻子和孩子们。然后早早地起了床，穿好粗糙的衣裤，登着简陋的木鞋，带上今天要播种的种子和农具，披着朝霞出门了。

米勒在巴比松的家（今日风貌）

农夫来到自家的田地里，他看见田野里早已有几个农夫开始耕作了，于是他赶紧扎好裤脚，忙活了起来。“哗——哗——哗——”农夫阔步向前，边走边播撒出种子，在朝霞的辉映下种子闪烁着金色的光芒，农夫强劲有力的脚步声惊起栖息在田地里的鸟雀。正在旁边的田地里劳作的米勒听见鸟雀拍打翅膀的声音，抬起头，看到这位农夫舒展的播种姿态，他觉得实在是太美了，于是记下了这个美好的场面，劳作完回家后在自己的画室里画出了这幅《播种者》，它是米勒离开巴黎到巴比松定居之后的第一幅名作。

《播种者》中的农夫那高大的身体几乎占据了整幅画面，更显得高大有力。他向后摆动的手臂、倾斜的地平线以及身后惊飞的鸟雀，突出了农夫向前行进的动感。农夫身着土红色的上衣，头戴褐色的帽子，下穿深蓝色的裤子，腰间绑着一个土黄色的布袋，并且农夫处于背光的一面，使得整幅画的色调显得十分低沉、朴实、沉稳，就像农夫坚韧的品性，像泥土一样厚实。在这充满希望的清晨，阳光追赶上黑夜，带来光明，农夫追赶着阳光，将生命的力量播种在泥土里……

《播种者》　米勒　1850 年　油画
美国波士顿美术馆藏

“巴比松画派”与西奥多·卢梭

说到这里，我们就不得不提起一个与米勒密切相关的画派——“巴比松画派”了。

19世纪30年代，法国大革命风起云涌，政治风云变幻，社会思潮混乱，这种不彻底的革命引起一群年轻画家的逃离，他们希望逃离生活上的贫穷与恐惧，逃离艺术上的坎坷与压抑，寻求到一片安顿心灵的绿洲。

正巧，在巴黎郊区附近有一个小山村，人迹罕至、土地肥沃、流水潺潺、花儿盛放、云雀飞翔，偏僻荒凉但是如此美丽，它的名字叫作“巴比松”，巴比松紧挨着一大片美丽的森林——“枫丹白露林”。这样一片没有受到污浊的政治空气污染的土地，正是这群年轻的画家们所梦寐以求的田园般的理想之地。

于是，19世纪30年代，一部分画家经常造访枫丹白露林，到了40年代之后，则有更多的画家来到这里定居，曾经荒凉的巴比松渐渐有了温度。巴比松甚至成为一批有着共同绘画理念的画家们的聚居地，他们在这里呼吸着大自然的新鲜空气，感受着大地母亲的泥土芬芳，描绘着美好的风景和纯朴的农夫。这是一群热衷于对大自然进行彻底的观察与认识的画家，这是一群远离政治喧嚣热爱真实自然生活的画家，他们主要从事的是自然风景画的创作。于是，美术史上著名的“巴比松画派”在小村庄的泥土里、在大森林的阳光雨露里诞生了，开创了西方现实主义风景画的先河。

“巴比松画派”的代表画家有西奥多·卢梭、康斯坦·特罗扬、柯罗、查克、迪亚兹、杜普雷、多比尼等等，当然还有我们的主人公——让·弗朗索瓦·米勒。这群志同道合的画家们在巴比松贫穷却幸福地生活着。池塘水面上的野鸭、田地中劳作的农夫、夕阳下路边的小草、森林中安静伫立的大树……大自然中的一切都可以成为他们笔下美好的图画。

“巴比松画派”的画家们的绘画理念可以用“回归自然”四个字来概括。在创作方法上，他们反对学院派画家在室内画风景画的习惯，摒弃荷兰风景画中的摹仿画风，主张走出画室，在自然光下“对景写生”，然后再以写生稿为基础，进行风景画创作；在创作风格上，“巴比松画派”的作品大都是纯净、自然、真实的风格，光线和气氛的呈现被突出；在创作追求上，摆脱了古典主义艺术的虚伪和做作，追求获得真实的、新鲜的感受，并致力于探索自然界的生命，力求在作品中表达出画家对自然、对生命的真诚感受，走上了以农村真实景象为描绘题材的独立道路，进入一种全新的境界，揭开了 19 世纪法国声势浩大的现实主义美术运动的序幕。

不过，米勒似乎还是比较喜欢在室内作画，我们从米勒的传世作品中可以看出，纯粹的风景画在米勒绘画作品中所占的比例还是比较小的，米勒喜爱并擅长画的是带有人物的风景画，这或许和早年米勒从师于著名的学院派画家——德拉罗什的学习经历有关，亦或许和米勒早年是一名肖像画画家的身份有关，所以，米勒的绘画习惯与风格和“巴比松画派”的传统有些不同——他常在室内作画，且注重在画中表现人物的形象。但是，我们不可否认的一点是，米勒的绘画作品依然可以用“回归自然”四个字来形容，且当之无愧。对于米勒的艺术特色，罗曼·罗兰的评价最为精炼：“米勒不仅受古典传统的束缚与影响，事实上他是古典派的画家……因此想要正确欣赏米勒的创作，其最佳捷径不外乎从这种见解与画派的原则来钻研批判。米勒不是一位开创新派艺术的革新画家，只是一位怀有17世纪胸襟，以古老的技巧来表达的现代大师，这正是米勒的独特性。”

“巴比松画派”为西方风景画打开了第一扇大门，可以说没有“巴比松画派”，就没有真正的风景画，“巴比松画派”使得大自然终于成为画面的主角。“巴比松画派”的创作主张对后来的印象主义流派也产生了巨大影响。印象派大师——莫奈将“巴比松画派”的现实主义风格带入新的绘画领域，寻求“光”和“色”的变幻；印象派的集大成者——毕沙罗早年则是柯罗的学生，甚至被人称为是“印象派中的米勒”；印象派的另一位代表画家——雷诺阿早年在枫丹白露林作画时遇到了“巴比松画派”的迪亚兹，迪亚兹不仅给予过雷诺阿生活上的帮助，而且还在艺术上指导、鼓励他在绘画中去追求光线与色彩的表达。甚至连后印象主义的梵高也深受“巴比松画派”画风的影响，在米勒去世后，别人为米勒举行的纪念画展上，梵高就是参观者之一。由此我们可想而知，“巴比松画派”在西方美术史上的重要地位不言而喻，如果没有“巴比松画派”，或许莫奈美丽温暖的《日出·印象》，或许毕沙罗那从朦胧中透着明亮的《雪中的林间大道》，亦或许雷诺阿那明艳动人的《大浴女》，都无从可得了……

印象主义流派，起源于19世纪60—70年代的法国画坛。印象主义摒弃了古典画派的陈旧和浪漫主义的矫揉造作的消极成分，吸收了巴比松画派以及写实主义的积极成分。印象主义流派在19世纪现代科学技术的迅速发展，尤其是光学理论的发展和实践的背景下，启发了印象主义开始注重在绘画中对“光”的表现，使得印象主义画家偏爱户外写生，直接描绘在阳光下的事物，根据自己的直观感受去表现事物在阳光下的微妙的色彩与光影变化。

如今，巴比松依旧是法国一处亮丽的景点，它的周边诞生了许多艺术文化村，巴比松以它浓厚的艺术气息和美妙的自然景观，吸引着世界各地的游览者前来造访。不过，米勒所生活的那个时期的巴比松风貌早已不复存在了，我

《日出·印象》 莫奈 1873 年 油画
法国巴黎马尔莫坦美术馆藏

《雪中的林间大道》 毕沙罗 1879 年
油画

《大浴女》 雷诺阿 1884 年 油彩
美国费城艺术博物馆藏

们只能够从“巴比松画派”的画家们的作品中想象着当时巴比松的模样。

我们在之前提及了一位叫作西奥多·卢梭的画家，他是米勒生命中最为重要和亲密的知心朋友，同米勒一样是“巴比松画派”的核心人物。我们知道，米勒在巴黎的时候是十分孤独的，他没有可以交心的朋友，而在巴比松可就不一样了，在这里，米勒找到了自己的心灵之交。

和米勒一样，卢梭也是从小就饱尝了贫穷的滋味，甚至比米勒更为不幸一些：卢梭的父亲原是一个工匠，因为经营不善而破产了；卢梭年轻的妻子因为种种原因而发了疯，不得不与她离婚；卢梭的艺术理念也如同米勒一样不被人理解欣赏，更为相似的是，直到 1848 年法国革命为止，他的作品每年都被官方沙龙的审查委员会拒绝，他所收获的只有批评家对他的冷嘲热讽。因此，他在米勒之前就来到了巴比松这片纯净而美丽的土地，以寻求苦难生活中的精神慰藉。

卢梭是一位风景画家，他决意去表现大自然的生命。卢梭似乎可以把握大自然中一切生灵的脉搏和存在的意义：他听得到森林中树叶在风中窃窃私语，他猜测得到花的姿态所意味的深情，他感受得到天空中飘浮不定的云朵的孤寂……就像卢梭自己所说的那样："我听见了树木的声音。它们那出乎意料的运动，它们那多种多样的形态，乃至它们吸收光线时的那种奇妙景象，都突然向我揭开了森林语言的奥秘。这个枝叶茂密的世界是一个沉默寂静的天地。我揣摩着它的各种标志，并且发现它也有激情。"卢梭常常坐在树林中冥想，去感受自然、聆听自然，经常一坐就是一整天，不说一句话，和自然接触得越多，卢梭和人世间的接触就越少，当在现实中厌倦了与人群的交往时，他便独自一人钻进枫丹白露林里去和大自然说说话、谈谈心。

在这样的生活境遇和性格特质的影响下，卢梭的画就像是一首首田园抒情诗。他的代表作——《枫丹白露森林的夕阳》就仿如一首大自然的无声交响乐，画面犹如一个壮阔的舞台，上面巍峨的大树、一望无际的原野、遍地的牛羊，和着夕阳的一抹灿烂，将生命的乐章演奏得欣欣向荣。

这样的一位画家简直就是上帝赐给米勒的礼物，卢梭常常会到米勒的画室里，两人一起讨论自己对绘画的看法。有时候两个人的见解不谋而合，会让他们高兴地大喝一场，也有的时候两个人为了坚持各自的想法而争得面红耳赤。但不管怎样，米勒和卢梭，这两位怀着相同的田园牧歌式情怀的画家，彼此惺惺相惜，在艺术上相守一生。从1855年左右米勒写给卢梭的一封信中，我们可以明显地感受到他们之间的情谊：

“我亲爱的卢梭，他们要我描绘一次地震、一种非常复杂的北极极光，还要我画出旅店老板对五个法郎的贪婪，一个英国人对第一次攀上某座难攀峰顶的渴望、他与另一个登上另一座峰顶的英国人相对而立时的痴狂，以及其他许多很难描绘的事物。我会尽全力完成它们中的任何一件，同时尽可能让你理解我的‘癞蛤蟆们’在打开你那著名的大篮子盖后显出的激动和狂喜。”

“请您想象一下那些还没有什么语言表达能力的孩子，在看到礼物时的表现。他们只能用尖叫和雀跃来表达自己强烈的兴奋，而你却仍然莫名其妙。狂热的兴奋劲儿过去之后，他们开始猜测是谁送的，猜得非常热烈。‘是卢梭送的吗，爸爸？’‘对，我的孩子们。’于是又爆发出一阵欢呼。弗朗索瓦发现自己不得不暂时扔掉通用的语言，因为它的表现力太贫乏、软弱，他必须运用某些更生动、更适于描写情景的词汇来表达当时的狂喜……”

“不知你在巴黎圣母院和都市饭店都有什么精彩的庆祝活动，我可是喜欢更朴实的活动：到处走走瞧瞧，沿着

《枫丹白露森林的夕阳》　卢梭

森林的边缘或林中的崖石，看着黑压压的乌鸦群落在原野上。我甚至愿意走过快要坍塌的茅屋，看着它的烟囱正富有诗意地向空中扩散着炊烟，告诉我主妇正为筋疲力尽地从田间归来的丈夫准备晚饭。我也乐意仰望在云层间眨眼的小星星，就像我在黄昏壮丽的日落后看到的那样，或者在遥远山坡上孤独行走的人的剪影，还有其他世界上最美丽的景象——它们对于那些不喜欢都市马车轮子的吵闹声或沿街叫卖的小贩的人来说弥足珍贵。这也不是能让每个人都接受，因为他们会认为你这是极端懦弱的表现，而且你还会被人们取上一些讨厌的绰号。我只对你谈起这些人，因为我知道你患着同我一样的‘疾病’……”

很显然，从这封令人动容的信中，我们可以看出：首先，卢梭不仅是米勒绘画上的良师益友，并且米勒那温馨的小家庭也让卢梭感受到久违的家的温暖，同时卢梭的到来也让米勒和他的孩子们感到十分快乐。其次，在这封信中米勒表达了自己对于“朴实”的情有独钟，他宁愿在乡间小路上去散步，也不愿在华丽的舞会上忸怩作态，森林、乌鸦、茅屋、炊烟、农夫、星星、日落……这些自然景象深深地牵动着米勒的心，让米勒为之沉醉，为之痴狂。最后，更重要的一点是，米勒称卢梭和自己患着同样的“疾病”，其实也就是说只有卢梭是可以理解自己的人生态度和艺术理念的，卢梭是他的“知音”。

当米勒的画作遭受嘲讽和抗议时，卢梭总会站出来为自己的朋友说话，比如他曾经给一位贬斥米勒画作的人写过一封信，在信中，卢梭的语言严肃、智慧、直白而又驳斥有力：“自 1830 年以来，您一直在研究艺术。就像在大海上航行那样，您绕过了很多海峡、穿过了无数的风暴，但您总能掌握正确的方向；这就如您搞艺术批评一样，总能抓住正确的抨击点，把对手批得哑口无言，从而使您成了一位评论天才。您就像哥伦布那样，不论航行到哪儿，总能知道美洲在什么位置。好了，不过现在您得小心一点，因为我看到了您的航船正在洋流的风口浪尖上航行，而这股危险的洋流将会引导您驶向深渊。您目前正处在庸俗、势力的包围中，我看您还不至于会身处其中还感觉不到吧？在您对自 1830 年以来所出现的唯一一名真诚的画家作出不公正的评价时，您已经在屈从于装腔作势、虚假做作的世风了。而那位画家，我指的是弗朗索瓦·米勒。”在卢梭的眼里，米勒是位真诚的画家，任何装腔作势、虚假做作的影子都永远不可能在米勒的身上看到，他相信米勒的画终有一天会成为伟大的传世之作。

生活上的彼此扶持，艺术上的相同感悟，心灵上的巨大共鸣，成就了让·弗朗索瓦·米勒与西奥多·卢梭之间这段伟大的友谊！

不幸接踵而来

1851 年，米勒得到一个噩耗——祖母去世了。当米勒拿着母亲从家乡寄来的信时，看到上面告知祖母去世的消息，米勒几乎要昏厥过去。那是他亲爱的祖母啊！是祖母每个夜晚给小米勒讲故事，把他带进宗教的殿堂；是祖母时刻提醒米勒不要忘记农民的身份，不要被巴黎的浮华所迷惑；是祖母教会米勒先做一个好人，再做一名画家的道理……祖母给予了米勒太多太多，而米勒却连祖母的最后一面也没有见到，祖母该是多么伤心多么痛苦啊！米勒恨不得抽自己一个嘴巴子：“奶奶！您的弗朗索瓦对不起您！”

噩耗接连传来，1853年的一天，米勒再次收到母亲从家乡寄来的信，他拿着信封的手微微发抖，他害怕里面藏着不知道会是怎样的悲伤。果不其然，米勒的母亲也病危了："我可怜的孩子，如果你能在冬季来临前回来该多好！我十分渴望再见上你一面。我现在什么也干不了，剩下的只有痛苦和死亡。一想到你们一家这么困难，前途这么成问题，我就心急如焚，非常替你们担心，觉也睡不着，也休息不好。你来信说你非常想来看我，并同我住一段日子，我也很希望这样，但是你好像很缺钱呀。你们怎样过日子啊？可怜的孩子，一想到这件事我就忧虑不安。唉，我多么希望你能突然出现在我们眼前，给我们一个惊喜呐！大家盼你归来真是望眼欲穿啊。至于我，既不知道怎样活下去，也不清楚如何死去，可是我多么盼望能最后见你一面啊！"该怎么办？米勒不想连母亲的最后一面也见不到，可是他拿什么当作回家的路费呢？由于凑不到回家的路费，最终米勒还是没有能够见到母亲最后一面。等到米勒终于回到格鲁齐时，他只能跪在母亲的坟前，默默流泪，不住地说着："儿子来晚了……儿子来晚了……"

在祖母和母亲都去世之后，米勒把弟弟的两个孩子接到巴比松同自己一起居住，因为这两个孩子也想要学习绘画。米勒觉得当初为了成全自己去瑟堡、去巴黎学习绘画，自己的弟弟妹妹们已经做出很大的牺牲，他们替自己照顾着祖母、母亲和那个家，而如今，如果可以，自己理所当然地需要尽最大的努力负责起弟弟妹妹们的孩子的教育，所以米勒把这两个想要学习绘画的小侄子接到了巴比松，负责他们的绘画教育。

在巴比松，米勒依旧无法摆脱贫穷的折磨，尤其是自己和勒梅尔已经有了好几个孩子，并且还要照顾两个侄子，生活的担子越来越重。家中快揭不开锅了，孩子们等着面包充饥，面对手中仅剩的几个法郎，他想要托桑西埃帮助他在巴黎卖画："我想尽办法把我的画卖出去，不管什么价钱，只要卖出去就行了，100 法郎、50 法郎，甚至 30 法郎都可以。"

米勒的亲密朋友——卢梭深知米勒的困境，但是他又不想直接帮助米勒，以免让米勒感到难堪尴尬，所以卢梭曾经隐瞒自己是买主的事实，用陌生人的名义购买了米勒的两幅画——《施肥的男人》和《嫁接树木的男人》。不仅如此，卢梭还凭借自己早先在一些绘画收藏爱好者之间积累的人脉资源，为米勒介绍了不少好的买家，他们从米勒那里买去一些素描和油画。

第6章 "我只想把我看到的东西简单地描绘出来"

首次在美国展出画作

巴比松时期的米勒几乎把所有的绘画题材都瞄准了乡村与农民，他的艺术理念更加成熟，更加自成体系，在现实主义农民画家这条道路上越走越远、越走越坚实。

1855年，米勒的一幅《嫁接树木的男人》在巴黎万国博览会上展出，结果展出效果十分好，得到人们的赞赏。

米勒在这幅画中展现了一个正在嫁接树木的农夫的形象。这应该是早春的一个上午，天空呈现出浅浅的蓝色，透明清澄，一间简单的茅草农舍前，有一棵果树，隐隐约约可以发现果树已经开花了，枝头挂满了星星点点的小花儿，似乎可以预示着秋日的硕果累累。果树下，一位农妇怀抱着年幼的孩子，目光宁静、神态从容地看着正在嫁接树木的丈夫。农夫动作自然，技法娴熟，正在全神贯注地嫁接着树木。农夫的身后躺着一堆被他锯下的树枝和嫁接所用的工具，而在农夫脚前的篮筐中则盛放着用来嫁接的树枝。

米勒描绘了在这样一个春光明媚的日子里一户普通农民家庭的简单生活情态，整个画面色调十分温暖安详，米勒注重细节的描绘与刻画，注重厚实与自然的形象塑造，使得画面中农夫、妻子、婴儿、农舍、树木等之间的关系显得十分和谐，具有一种自然质朴、平实亲切的感觉，一种亲和的家庭气氛突显了出来。

米勒的画不仅在世博会上取得成功，他的画更是被外国人注意到了，尤其是美国的艺术收藏家们。有一个叫威廉·汉特的美国人十分喜爱米勒的画风，在他的帮助下，米勒的画被介绍到了美国。还有一位来自美国波士顿的马丁·布里默，他于 1852 年购得了米勒获得二级奖章的画作——《休息的收割者》（又名《收获者的午餐》）。后来，

1854年的时候，美国波士顿博物馆向布里默租用了这幅《休息的收割者》，在其所举行的第二十七届美术展上展出了米勒的这幅画作，这也是米勒在美国展出的第一幅油画。

《嫁接树木的男人》　米勒　1855年　油画
法国巴黎卢浮宫美术馆藏

这是一个大丰收的时节，正午时分，一群农民完成了一上午的劳动，准备聚集在一起，坐在麦秸秆上吃午餐，正好借此休息一会儿。农民们的身后是堆起的高高的麦垛，最前方的麦垛是深一些的黄褐色，上面架有两架木梯，远处还有两堆金黄色的麦垛，我们依稀可以看见在中间的那个麦垛脚下，有一个竹篮，里面有一个正在熟睡的婴儿，大概是某对农民夫妻都得来田地里收割，家中无人照看孩子，所以他们就把孩子放在麦垛下，这样他们在劳作的时候时不时地也可以回头看看孩子，照看孩子的安全。农民们的午餐比较简单，基本上就是水和面包，这群农民中有的正在吃面包，有的坐在那里休息，还有的大概实在是太疲倦了，已经趴在麦捆上睡着了，我们还可以看到有一个头缠灰蓝色头巾的农妇拿着陶罐给正在吃饭的人们倒水，正对着这位倒水的农妇有另一对农夫和农妇正在朝左边回头张望，顺着他们的视线望去，可以看到的是一对刚从麦田里走过来的夫妇，妻子怀中抱着刚刚捡拾的麦穗，丈夫一手拉扯着妻子，另一只手向右边正在用餐的农民们指去，似乎妻子有些害羞，她对这些农民们还不太熟悉，有点不好意思和大家一起吃饭，又或者是她不想再加入到吃饭的群体中去，以免减少了大家可以分得的分量。

《休息的收割者》（又名《收获者的午餐》） 米勒
1850 年—1853 年 油画
美国波士顿美术博物馆藏

米勒用细腻的笔法生动地刻画了每一位农民，使得他们每一个人都显现出不同的体态，甚至连每个人不同的神态都展现了出来，具有极强的画面感和故事性，让观赏者仅从画面就可以根据自己的理解和想象尽可能地还原当时的场景。米勒在这幅画中使用了以金黄色为主调的色彩，金黄色似乎就象征着那金灿灿的麦穗，劳动者们在这样一片金色的大地上用餐，连周围的空气似乎都弥漫着丰收的喜悦与希望。

《拾穗者》与《晚钟》

米勒在继 1850 年创作出《播种者》之后又创作出两幅十分著名的作品，即创作于 1857 年的《拾穗者》和创作于 1859 年的《晚钟》。下面我们就来分别欣赏一下这两幅名画吧。

这是一个阳光炽烈的午后，火辣辣的太阳炙烤着大地，三个身着朴素衣裙的农妇在已经收割了的田地中拾着麦穗。背后是堆积如山的麦垛，远处还有许多像她们一样捡拾麦穗的农妇们，她们几乎把腰弯成了九十度，把散落的麦穗一根一根地收集起来。最右边的那位农妇似乎快要坚持不住了，她微微地直起一点腰，用手撑住膝盖以便能够稍稍休息一下。虽然在阳光的炙烤下，她已经筋疲力尽了，但是为了家中的孩子有面包吃，她不能停下来，她只有不断地劳作才能勉强糊口度日。农妇们一声不响，毫无怨言，在刺眼的阳光下一颗一颗地捡起生的希望……

据说，“拾穗”是法国农村一种特别的风俗，是指在收获的季节时，农场主要允许儿童和妇女到自己收割后的田野里捡拾麦穗。这种风俗似乎是和古代希伯来人的宗教信仰有关——“你的农场在收获时，不可拒绝拾穗者……主是你的神，他会使你的田地得到丰收。”如果农场主拒绝让拾穗者进入自己的田地，那么，他就不得不面临来年必遭歉收的厄运。不过，从这个传说中，我们似乎也可以明白这样一种现实：当时底层的农民几乎是连自己的田地都没有的，甚至只能靠着捡拾麦穗以补充家中的粮食，农民生活的悲惨与艰辛可想而知。

我们可以看到，米勒在《拾穗者》中画出了优美而细致的背景。在远处的地平线上，收割后的金黄色小麦被农夫们仔细地码放好，并排高高地堆放起来，还有几位农夫正在把丰收的小麦装上牛车。画面十分和谐，有种田园诗般的美感，而这田园诗般的背景中，有一个骑马的人，他应该是农田的看守者，正在看管收割好的小麦，以免被人偷走，他还在监管着农田里捡拾麦穗的农妇们。田园诗般的背景与画面前方捡拾麦穗的农妇所呈现出来的现实感，形成了强烈的对比。

米勒是如何把远景与前景衔接起来的呢？原来米勒使用了色彩的呼应：画在远处地平线中央部位的一位农妇的红色头巾，与前景中央部位正在捡拾麦穗的农妇的红色头巾和红色袖子形成前后的色彩呼应；此外，右边部位的那位农妇的黄土色的头巾以及头巾的形状，都与农妇头部左上方的干草堆相互呼应，使得远景与前景产生自然的联系。

在前景中，米勒塑造了三位处于艰难状态下的劳动的农妇形象，她们出乎意料地具有一种雕塑般的厚实感，米勒营造出一种威严庄重的气氛与美感，这种气氛与美感很大程度上是来自于米勒那简洁而又富有节奏感的轮廓勾勒，以及雕塑式的圆实造型。比如，我们可以看到，有阳光洒落在中间那位农妇的头上，在农妇的背后形成了明暗的对比与明暗的层次，使得农妇的头部与肩膀更具有一种质感，让人觉得很坚固、很厚实，气氛自然也厚重了起来。这三位农妇犹如庄重的石碑一样排列在广阔无边的原野上，她们分别戴着红、黄、蓝的头巾，其实我们可以发现米勒在他的绘画作品中常常使用三原色。米勒使用光线与色彩的表现力，在刚刚收割完的这片暗浊色的麦田里，用金黄色的、明亮的点表示麦穗的存在，而我们看到这些金黄色的、明亮的点的数量是那么的稀疏可数，显然是代表着拾穗者的收获少之又少，与农妇们的辛勤劳动形成对比，突显出农妇们生活的不易与艰难。米勒所刻画的这三位农妇的动作富有很强的连贯性，安静的劳作场面更具有打动人心的力量。面对画作，我们似乎可以感受得到农妇们那弯下的背上承载了太多的重量，压得她们直不起身来，但是她们依旧不抱怨、不放弃，更显现出农妇们坚忍与执着的品质。

三原色，是指红、黄、蓝三种基本原色。原色是指不能通过其他颜色的混合调配而得出的“基本色”。而以不同比例将三原色相互混合，则可以产生出其他的新颜色。

根据一些专家的研究发现，有些人认为这三位拾穗的农家妇女，很有可能就是米勒的祖母、母亲和姐姐。最右方微微直起身体，一只手还扶着膝盖的应该是米勒的祖母；中间的农妇应该是母亲，从她身前系有的盛装麦穗的袋子来看，袋子鼓鼓囊囊，往下低垂，母亲最为耐劳苦，拾得麦穗最多；而左侧的那位农妇则很可能就是米勒的姐姐，她比较年轻，头上戴着蓝色的头巾，遮着颈部以使自己不至于被阳光晒伤，她俯身拾穗的动作要比祖母和母亲敏捷许多，我们似乎可以感受得到那种拾穗的动态：先由右手拾起麦穗，又马上转换到左手，由左手拿到背后，这种动作的连贯性姿态显得非常优美。

这幅《拾穗者》与米勒其他作品相比较来说，有一个最大的不同，就是在构图上比较特别。米勒的其他绘画作品中的前景人物往往都处在远景的地平线以上，比如我们前面欣赏过的《播种者》，还有我们在后面会提到的《晚钟》、《牧羊女》等等都是如此。而《拾穗者》的构图处理则是把前景中的人物置于远景的地平线以下，这样就具有一种压迫感：地平线下方弯着腰的农妇们，看起来仿佛就像是被地平线压得直不起身来一般。因为这样的处理，更加重了《拾穗者》呈现出来的对农妇们艰难生活的表现力

《拾穗者》 米勒 1857 年 油画
法国巴黎奥赛美术馆藏

度。同时，米勒把《拾穗者》的远景中的那些麦草堆、马车、收获的农夫、看管的农夫等也都画得非常清楚仔细。整幅画面的景物，由大及小，由近及远，米勒除了把农村秋收的景象描绘得充满诗情画意之外，还突显了农民们生活的苦难，显得朴实而动人，是一幅典型的写实主义作品。因为米勒一直坚持这样的绘画风格和方式，在19世纪的西方绘画史上，享有“写实主义先驱”的美誉。

夜幕降临，一对夫妇收拾好农具准备结束一天的劳作，正巧在这个时候，远处的教堂传来钟声，妻子放下手中的篮子，双手抱握于胸前，微微低下头，闭上双眼，虔诚地祷告着，犹如雕像一样岿然不动。丈夫则微微低着头，粗大的双手拿着黑色的帽子，动作有些不自然地站立着。妻子在祈祷些什么呢？也许她在祈祷着这一粒粒播种进泥土的种子可以顺利发芽、抽穗；也许她在祈祷着明天的阳光能够温暖一些；也许她在祈祷着今年的收成可以好一些；也许她在祈祷着这钟声可以把苦难带向远方……一双任劳任怨的手和一颗安分守己的心就足以撑起一个家，撑起一片天空……

《晚钟》（又名《晚祷》）似乎有一种奇异的魔力，虽然整幅画面没有一处画有钟的影子，但是远方的钟声清晰可辨得似乎连我们都可以听得到。一对穿着粗陋衣衫的、体态木讷的，但内心纯净虔诚的夫妻主宰着整个画面，使得虔诚的心声充满了整个空间。是因为这对农民夫妻身上太过纯洁的力量和那无限虔诚的神态，是因为落日余晖下，静谧沉寂的大地和屏息静默的夫妻融为一体，所以会让人联想到教堂、十字架和大钟。此时此刻，这钟声已经与这对夫妻融为一体了，因此钟声的音响感应愈发强烈。《晚钟》营造出一种浓郁、圣洁、沉静、静谧的宗教气氛，这种宗教意味正是米勒作为一个虔诚的基督徒画家所独有的韵味。

关于这幅《晚钟》还有一系列的小故事，这些小故事足以体现《晚钟》愈发为人们所喜爱的现实，也体现了米勒的现实主义农民画在后世美术艺术史上的重要地位。

当《晚钟》这幅画完成时，米勒自己就很有自信地认为它是一幅杰作。这幅画最初卖出的时候，米勒希望能够卖到 2000 法郎，但是在当时很难有买主愿意以这样的价钱买这样一幅画。后来，在画商史杜班的经手下，这幅《晚钟》以 72 英镑的价钱卖给了一位比利时的男爵——巴普柳，后来，《晚钟》又被转让给比利时的驻法公使。然而，这位驻法公使又用《晚钟》作为交换条件，与画商史杜班交换了米勒的另外一幅画——《牧羊女》。于是，《晚钟》又重新落入史杜班之手，不久之后，史杜班又把《晚钟》卖给了卡布埃，接着卡布埃又把它卖给了杜朗・里艾尔。而此时《晚钟》的价格，早已高达 3 万法郎。

到了德法战争的时候，杜朗・里艾尔将这幅《晚钟》带到了英国，陈列在伦敦的一家美术商店里，等待买主。结果一直挂了将近一年才被一位绅士以 800 英镑买下带回巴黎。1881 年，史克利达用6400 英镑买入此画，后来又以 8000 英镑脱手，这次被布迪买下。过了几年之后，史克利达再度购回此画，价格则已经升至 12000 英镑了。就在这个时候，美国的富豪洛克菲勒同史克利达商量，希望能以 2 万英镑的价钱将《晚钟》转让给他，但是史克利达不忍脱手。于是后来，就有了这场拍卖会——史克利达家族以拍卖方式公开拍卖这幅《晚钟》。

这是 1889 年的巴黎拍卖会现场，也就是米勒去世的第十四年，从之前的叙述中我们也知道，当时的美国人非常喜欢米勒的画风，有不少美国人收藏米勒的画作，甚至后来在米勒晚年的时候，还有不少热忱的美国人不远千里，远赴法国，向米勒拜师学画。然而在当时法国人的心目中，美国人就像一个个暴发户一样，根本没有任何的文化艺术修养，空有大笔的财富；至于美国人，他们则有自知之明，他们知道自己国家的艺术历史不如法国辉煌，于是他们更是想要用文化来装饰自我的形象，对拥有着辉煌灿烂历史的法国艺术十分热衷。这一次，一个法国人和一个美国人都看中了米勒的这幅油画——《晚钟》。

拍卖会现场的气氛十分热烈、紧张。此时，这位有钱的美国人已经出价到40多万法郎了，而那位一直和这位美国人叫板的法国人也开始心虚了，要知道他自己并没有很多钱，只是几位美术馆的董事和富商合作出资请他代买，他心里默默打鼓：要不要放弃呢？可是不知怎么的，这位法国人的民族主义精神忽然高涨了起来，他站了起来，向全场的法国人大声说道："同胞们！米勒先生是属于法兰西的伟大画家，《晚钟》是属于我们法国人的伟大作品，你们说我们可以让它流落异乡吗？不！当然不可以！"这位法国人的激情点燃了在场的每一个法国人心中的爱国情结，他们纷纷振臂高呼："法国万岁！法国万岁！"在一浪高过一浪的振奋人心的口号中，法国人把价钱加到了50万法郎。而美国人也毫不示弱，继续加价，在一番艰难的僵持中，美国人终于有了放弃的念头："《晚钟》也不是米勒唯一的伟大的作品，他还有其他更好的作品，我还是不要再跟他争下去了吧，这价钱已经加到太高了。”于是，拍卖师宣布《晚钟》为这位法国人拥有。“太好啦！太好啦！《晚钟》还是我们法国人的！哈哈哈哈！”在场的每一个法国人都感到十分高兴与自豪，然而这位硬着头皮不断加价的法国人实际上并不能够拿出这么多的钱——他竞拍的价格已经超过了那几位委托人所能支付的最高价钱。所以，《晚钟》最终还是落入了那位美国人手中。于是，《晚钟》被这位美国富豪骄傲地带回美国，并在全美国巡回展览了六个月。

而在1889年那次拍卖会现场的一位百货公司的老板，目睹了当年《晚钟》落入他国之手的过程，他曾紧握拳头，狠狠地发了誓：“从现在起，我一定要努力赚钱！看着吧！终有一天，《晚钟》还是要回到它的祖国母亲的怀抱！”带着这份光荣的信念，这位百货公司老板终于赚到了足够多的钱，最终以80多万法郎的价格从美国赎回了米勒的这幅《晚钟》。最后，这位值得法国人民尊敬的百货公司老板把这幅伟大的作品捐赠给了法国卢浮宫美术馆，由卢浮宫永久收藏。

从《播种者》到《拾穗者》再到《晚钟》，我们似乎可以把这三幅画看作是农夫从清晨到午后再到傍晚的一整天的劳作过程。米勒用沉静的笔触、饱满的情感，将这一个个受尽苦难却不放弃生活信念的农民们的生存状态，用最真实的态度展现在艺术的画卷之中。这三幅画也是米勒最为优秀的作品，被人们称为“农民三部曲”。

《晚钟》（又名《晚祷》） 米勒 1859 年 油画
法国巴黎卢浮宫美术馆藏

在误解中挣扎

米勒的亲密好友卢梭曾经如此评价米勒："米勒为了那些属于他的人而拼命工作着，他就像是一棵开花结果太多的树那样耗尽了自己的元气。为了使孩子们活下去，他精疲力竭了。他把艺术分支的幼芽嫁接到一棵茁壮成长的野树干上，就像维吉尔说的那样：'嫁接你的梨树吧，达芙尼，你的后代将吃到你的苹果。'"

沉重的生活压力和天生的强烈责任感使得米勒一度陷入崩溃的边缘，终于在1857年，米勒熬不住了，他有了自杀的念头。但终究米勒还是走出了困厄，那个时候，他画了一张速写——一个表情痛苦的画家在画架前行将死去，旁边有一个女人在恐怖地大喊："自杀只是意味着你是一个不光彩的懦夫！"

那个女人应该就是米勒的妻子——勒梅尔，从始至终米勒的妻子不管生活多么艰辛，她都没有想过要离开米勒，米勒不能抛弃这样一个至死不渝的女人。所以，因为对家庭的责任和对生命的珍惜，米勒最终还是放弃了自杀。

除了生活上的艰难，米勒的画作内容还容易被人误解，这更让他感到痛苦不堪。从1857年的《拾穗者》开始，米勒在画中所展现出来的艺术理念就受到不少画评家们的争议与批判，到1859年的《死神与樵夫》、1863年的《倚锄的男人》，以及1864年的《农夫把一头在田野出生的牛犊抬回家》，米勒一直都难以摆脱被猛烈抨击的命运，他也难以摆脱被误解的挣扎。

崇拜米勒的声音是振臂高呼，推崇米勒为新民主勇敢的诠释者；而意图诋毁米勒的人则把他视为一名危险的社会主义者，认为他的画作因为表现农民的辛苦而极具煽动性，认为他意图煽动劳苦大众向占统治地位的资产阶级挑衅。

米勒于1857年创作的《拾穗者》在官方沙龙展出之后，在资产阶级舆论界引发了一系列的争论，一些评论家写文章说道："这三个拾穗者如此自命不凡，简直就像三个司命运的女神。"还有人说道："这些女人像是摆在田野中的受惊的乌鸦。米勒先生似乎认为，蹩脚的技巧适合于表现贫穷的场面；他的画丑陋也没有重点，他的粗鲁丝毫没有减弱。”至于《费加罗报》甚至刊登出“这三个突出在阴霾的天空前的拾穗者后面，有民众暴动的刀枪和1793年的断头台”的言论。这些评论家们认为米勒的《拾穗者》是向资产阶级挑衅的语言，而对于这些评价，米勒只是觉得自己并不是带着这些目的去绘画的，这些画只是“淳朴的直言不讳”，他只是在真实地刻画自己所看到的生活的样子。面对批评家们的言论，他的艺术辩护人朱理·卡斯塔奈里曾给予这样的回复：“现代艺术家相信一个在光天化日下的乞丐的确比坐在宝座上的国王还要美……当远处主人满载麦子的大车在重压下呻吟时，我看到三个弯腰的农妇正在收获过的田里捡拾落穗，这比见到一个圣者殉难还要痛苦地抓住我的心灵。这幅油画，使人产生可怕的忧虑。它不像库贝尔的某些画那样，成为激昂的政治演说或者社会论文，它是一件艺术品，非常之美而单纯，独立于议论之外。它的主题非常动人、精确，但画得那样坦率，使它高出于一般党派争论之上，从而无需撒谎，也无需使用夸张手法，就表现出了那真实而伟大的自然篇章，犹如荷马和维吉尔的诗篇。”米勒自己也说道：“批评家们都是有一定的水平和鉴赏力的，是有教养的人士，但是我却不能做他们那样的人，在我的一生中，我只看到过田地，我只想把我看到的尽可能忠实地表现出来。”不过，或许米勒所画的这些作品传递出更深刻的意义是米勒自己所不能阻止和不能想象的。

至于米勒创作于1859年的这幅《死神与樵夫》则直接在官方沙龙中被拒绝展出，沙龙的评审们认为这幅画“只是令人忧郁，却毫无美感可言”。

米勒在《死神与樵夫》这幅画中描绘了一幕恐怖的场景：一名上了年纪的老樵夫刚刚砍完柴，像这样拼命榨取自己衰老的身体里残余的一点力量，体力透支地砍下每一根柴已经不是第一次了，本来应该在家中颐养天年的老人为了生存不得不干这种粗重的活儿，他已经筋疲力尽了，想要靠在土坡上休息一下。然而，他刚要坐下，却被身穿白色衣服的死神拉住了，我们看不见死神的脸，他只留给我们一个披着白衣的背影，隐隐约约我们可以感受到白衣下那突出的骨骼和可怕的身躯，死神左肩扛着一把硕大的镰刀，左手举着一盏象征着时光流逝的沙漏计时器，右手则死死地扼住老樵夫的脖子。面对死神的突然降临，惊慌失措的老樵夫只能紧紧地抓住身旁的柴捆，表情痛苦，无助地挣扎着。

实话说来，“死神”这一题材在米勒的画中是十分罕见的，对于这幅画的解读也有不少说法，不过，我们需要清楚的是米勒为人温和敦厚，他并不热心参与政治活动，所以这幅画不太可能是带有政治讽刺意图的；并且我们知道，“死神与樵夫”也是17世纪法国一位作家写的一篇寓言故事，所以米勒的这幅画很有可能只是取材于这个寓言故事。如果不是这样，那么米勒在面对所谓的画评家们的“强烈政治讽刺意味”的论断时就不会感到那么不满与痛苦了吧。当然，历史的真相只能靠我们从现有的资料中去推测，一步一步地不断逼近最初的真相，而现在这只是我们的一种合理猜想罢了。

也许很多人都不知道，法国文豪大仲马还与这幅被画评家们猛烈抨击过的《死神与樵夫》有联系呢。

这天，大仲马慕名前来巴比松，想要亲自拜访这位创作了《死神与樵夫》的作者——米勒。一进巴比松，大仲马就被巴比松的乡村风光和枫丹白露林的美景迷住了，他还看到在烈日下，田地中仍有几个弯腰劳作的农夫。“这么毒热的太阳，农夫们还在劳作，实在是太辛苦了！怪不得米勒先生会愿意住在这样一个偏僻的乡村，这里不仅风景美，这些农夫更是他艺术上的最好的创作对象啊！米勒先生也正是天才般地画出了这些农夫们辛苦却富有生命力的生活。”大仲马暗暗想道。

远远的，大仲马看到几间简朴的农舍小屋，屋前的大树下有一位衣着朴素整洁的农妇正怀抱着一个年幼的孩子，哄他入睡。通过之前的了解，大仲马猜想这位农妇应该就是米勒先生的妻子了。他绕过大树下哄孩子午睡的勒梅尔夫人，径直找到米勒的画室，他看到米勒正在专心致志地作画，丝毫没有意识到他的到来，于是大仲马轻轻地说道：“您好！米勒先生。打扰您工作了！非常对不起！”

听到有人说话，米勒抬起头看了看，用十分疑惑的语气说道：“不好意思，请问您有什么事情吗？”

大仲马恭敬地回答道：“米勒先生，我是亚历山大·仲马，今天我来的目的是希望能够有机会亲眼一睹您的大作《死神与樵夫》的风采。”

米勒一听，这不是作家仲马吗？他感到更加疑惑了：“仲马先生，您怎么会专门来看我的画呢？而且还是那幅被批判得厉害的《死神与樵夫》？”米勒边说着边从画架上拿下《死神与樵夫》，由于它不被接受，米勒只有把它收在角落里，上面早已经布满厚厚的灰尘。然后他用十分惋

《死神与樵夫》　米勒　1859 年　油画
丹麦哥本哈根国立美术馆藏

惜的语气叹息道："不论夸奖或毁谤，很少有人了解我这张画啊！真没想到您竟然会为了看这幅画而专门来到巴比松找我。"

大仲马接过这幅被封存在角落里的画，轻轻抚去上面的灰尘说道："米勒先生，很少人知道这幅画那是他们的损失，在我看来，这真是一幅难得的杰作啊！一般人是无法真正了解它深刻的内涵的。不了解人生的痛苦，就无法了解人生的意义，这幅画，随着岁月的移转，人们必定会了解它的真正价值。"

艺术是没有边界的，就这样，一位大画家和一位大文豪在艺术上达成了伟大的共鸣。

1863 年，米勒又创作了一幅画，叫作《倚锄的男人》。画作一经面世，就有人如此解释这幅画："人们可以看到一些野生动物分散在各处，有公的和母的，大的和小的，有黑色的和青灰色的。它们被烈日炙烤着，被束缚在大地上，但它们仍以不屈不挠的顽强意志四处碰触、探索着。它们有自己清晰的语言，当它们站起来时，它们就像是一个人站起来的样子——它们真的是人。"这些人认为画中的男人颇具攻击性，在烈日的炙烤下，似乎他随时都有可能站起来反抗。对于这些假想的政治隐喻，米勒表现出极度的愤怒，驳斥掷地有声："那些关于我的《倚锄的男人》的奇怪谈论对于我来说是很陌生的。当人目睹一个农民穷途末路到汗流浃背却无法维持生计时，他心里自然会产生十分简单的同情的想法，这难道你们就不能接受吗？还有人说我否定乡下的妩媚景色。其实我在农村发现了比单单是妩媚更多的美——我发现了永恒的壮丽。我瞧见了耶稣谈过的那些小花。耶稣说：'我对你说，所罗门用他的全部荣耀装扮起来也抵不上这些小花中的任何一朵。'我看到了蒲公英的光环。在远方，在距离这里很遥远的地方，太阳在云层中放射出它的光芒。我也看到了田野上的马群，在犁地时扬起尘土遮天蔽日。在石崖下面，一个流浪汉从早上就气喘吁吁地弯腰呻吟着，他还企图直起腰来喘一口气。这一幕戏剧性的场面是被壮丽的景色天然笼罩着的，而并非我的发明创造。"米勒坚持自己的画作只是真实地表现了农民的生活状态，他不隐瞒苦难，也不夸大苦难，他只是想要表现出农民生活本来的样子，仅此而已，他不懂为什么总是有那么多的曲解和争议。

那么，《倚锄的男人》到底画了些什么呢？下面，我们就来了解一下这幅饱受争议的画作。

米勒在画面正中间的位置上，描绘了一位皮肤黝黑的农夫，农夫身着白色上衣和蓝色裤子。他表情痛苦、目光呆滞，整个身体也显得十分疲惫，双手扶在锄头上，以便减轻身体的承重。他大口大口地喘着粗气，大滴大滴的汗珠从他的脸颊滑落下来。农夫的脚下是荒草丛生、碎石满地的土地，农夫必须尽快把杂草都锄掉，这样他才可以播种，才会有收获。虽然农夫辛苦得快要倒下去，但是为了家中的妻子和孩子，他必须坚持下去。荒凉的土地和疲惫的农夫形成鲜明的对比，更加突显出农夫生活的苦难与不易。这样的画面不是在夸大事实，这是无数底层劳动者的生活的真实写照，他们的生活就是如此的辛苦，但是米勒也并不想通过这样的一幅画来煽动什么，米勒一直秉承的是真实地刻画农民的状态的理念，在政治方面，他从来都是漠不关心。

在创作出《倚锄的男人》之后的一年，米勒的《农夫把一头在田野出生的牛犊抬回家》（又名《抬牛犊》）一画诞生，面对当时一些批评家用政治的角度解释这幅画，米勒立刻给予了反驳："两个用担架抬东西的人的表现是好是坏，是由他们的手臂末端所承受重量的大小决定的。如果重量是均等的话，那么不管他们抬的是笨重的平底船，还是小牛犊，是金块还是石头，他们都得服从重力法则。

《倚锄的男人》　米勒　1863 年　油画
美国加州马里布保罗盖帝美术馆藏

因此，这幅画的寓意除了说明那个重量之外，其他什么都不说明。”

米勒曾在自己的书简中留下了这样一段话：“即使我知道有被误认为社会主义者的危险，我仍然要先作表白。艺术最令我心动的地方，就在于表现人性。……我不知道这种快乐要到哪里去追寻，因为我从来就没有过类似的体验。对我来说，可以尽情享受森林原野那一片沉默与静寂，就是我人生最幸福的一刻。”可见，即使被误解深深纠缠，米勒也从未有过要放弃自己的艺术信念的念头，他一直忠于自己的心，表达着自己的心。

不过，苦难也并不总是缠着米勒死死不放，1860 年，米勒签订了一项为期三年的合同，即把自己的画作卖给他的艺术庇护人，这样一来他可以每个月得到 1000 法郎的报酬，这份合同终于暂时缓解了米勒一家的困境。

《农夫把一头在田野出生的牛犊抬回家》(又名《抬牛犊》)
米勒 1864年 油画 芝加哥艺术学院收藏

为农民写诗的画家

巴比松给了米勒无穷的创作灵感，使得这段时间内米勒的创作数量十分多，绘画技巧在不断娴熟，绘画风格在逐渐成形。

米勒在巴比松的时期是他绘画创作最辉煌的高峰期，那么，下面我们就来仔细梳理一下这段时间内米勒的主要创作成就吧。

1850 年，米勒创作出一系列的油画，表现劳作中的农民，如《播种者》、《拾薪的人》、《砍柴者》、《出外工作的人们》、《堆干草的人》、《背柴的女人》等；1851 年，米勒创作了油画《休息的收割者》；1852 年，创作了油画《剪羊毛的女人》；在 1851 年—1853 年之间，米勒创作了油画《四季 · 秋 · 采苹果》；1853 年，米勒的作品在官方沙龙获了奖，所创作的油画《牧羊人》和《剪羊毛的女人》被美国波士顿的威廉·莫里斯·亨特买走了，他被米勒称为“曾结交过的最好的和最亲密的朋友”；1854 年—1860 年，创作油画《取牛奶的妇人》，油画《嫁接树木的男人》在 1855 年的巴黎国际博览会上大获成功；米勒在 1856 年—1857 年之间创作了“牧羊人系列”——《牧羊人》、《日落时把羊赶回家的牧羊人》和《站立着倚在拐杖上的牧羊人》；1857 年创作了《拾穗者》；1858 年，米勒画了一幅粉彩作品，叫作《休息时对着日光打火吸烟》；1859 年，创作出油画《死神与樵夫》，并完成“农民三部曲”的最后一幅——《晚钟》；1860 年，米勒创作了油画《喂食》、《提桶的妇女》、《期盼》、《灌木林边牧羊》、《漂洗衣服的农妇》和《剪羊毛》等，以及一幅素描《牧羊女们依火取暖》，其中《剪羊毛》在 1861 年的官方沙龙画展展出，米勒自己形容这幅画作时说道：“描绘一片欢快的净土，在那里生活虽然简陋，但人们却很善良、友好。我还描绘了那里纯净的空气和 8 月美好的一天。”之后，1861 年，米勒创作了油画《月光下的牧羊场》；1862 年，创作了《冬天和乌鸦》、《种土豆的人们》、《牧羊》、《牡鹿》、《倚锄的男人》等等油画作品，其中《倚锄的男人》在

1863 年的沙龙画展展出，不幸的是这幅画引起当时一些批评家的误解；之后，米勒有一些宗教题材的作品——《出逃埃及》和《耶稣复活》。到了 1864 年，沙龙展出了米勒的《牧羊女》和《农夫把一头在田野出生的牛犊抬回家》，无独有偶，《农夫把一头在田野出生的牛犊抬回家》也遭到误解和批驳。

在巴比松的后期，米勒除了表现田园及农民的诗情画意之外还有一些其他题材的创作。比如，在 1864 年时，米勒接受委托为巴黎的一幢别墅创作表现四季的大型装饰画；1865 年，建筑师兼艺术庇护人埃米尔·加维委托米勒创作彩色粉笔画，米勒为此创作了他一生中最伟大的素描和彩色粉笔画，并最终形成了一部共 90 幅的非凡的素描和彩色粉笔画画集；到了 1866 年，为了改善生病的妻子的身体健康状况，米勒同妻子勒梅尔游览了维希温泉胜地，这次出游经历更加丰富了米勒在风景画上的创作灵感，在这一年及其后的两年夏天里，他创作了大量描绘该地区自然风景的素描和水彩画，风景画也开始在米勒的创作中变得更加重要。

如果归纳米勒的绘画作品的主题，我们可以发现主要有以下三种类型：

一是以表现农民的劳动与短暂休息的场景为主题，比如《拾穗者》就表现了农民在农忙时的艰辛的劳动场面，而《嫁接树木的男人》则表现了一户普通的农民家庭在农忙时分的空闲时间里忙活着比较轻松的小活儿，画面显得温馨而宁静；二是以表现农民在休息季节时的生活状态为主题，比如米勒创作于1860年的油画《缝衣女》，描绘的是一位母亲在冬天里的一个宁静的夜晚，独自坐在昏黄的烛光下，为家人缝补一件厚厚的衣服的场景，对于农民来说，冬天应该是农闲休息的时间，这个时候农民们往往就会做一些农忙时无暇顾及的事情，比如为家人补补衣服之类的，这样一来，来年一家人的衣物就有了着落；三是以表现农民的精神世界为主题，比如《晚钟》就完美地展现了一对农民夫妇以虔诚的祈祷结束一天的劳作的样子，展现了淳朴的信仰。

那么，米勒的艺术理念到底是怎样的呢？下面，我们就来具体分析一下米勒的艺术理念。

我们先来看一段罗曼·罗兰对米勒的外貌描述，他也曾为米勒写过一本传记：

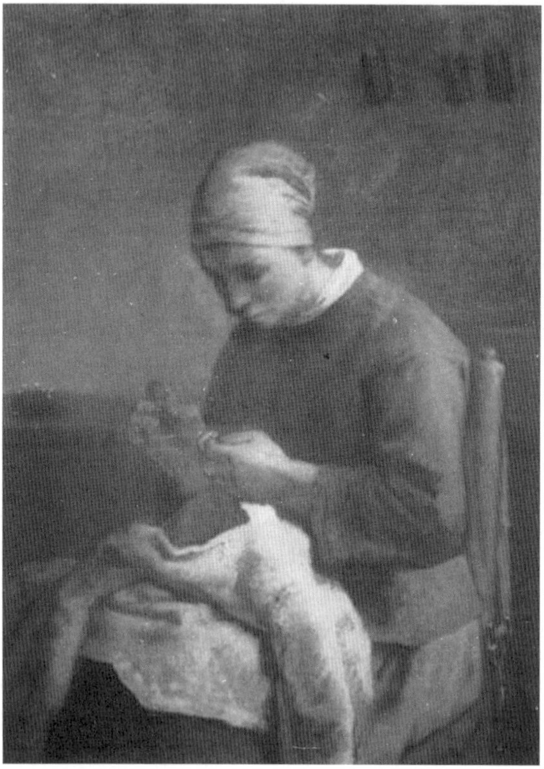

《缝衣女》　米勒　1860年　油画
法国巴黎卢浮宫美术馆藏

“米勒比中等身材略高些，体格强壮，长着公牛般的脖颈和肩膀，还有一双‘庄稼人的大手’。他的黑发自然卷曲，被他梳向脑后，漂亮的眉毛引人注意。他的眉头很容易就蹙起来。他的眼睛是淡蓝色的，不大，但目光‘直入人的灵魂深处’。他双目的神情总是那么严厉而忧郁，有时带点嘲讽的意味。他的鼻子端正，没什么特点。他的面颊几乎长满了浓黑的连鬓胡子。他的颧骨结实，略微凸起。从他的画像来判断，他的面部表情并非全是思想或情感的反映，而更多是意志的表象。他五官的优美之处同时也是细腻而动人的，这与他偏大的头部的总体外貌形成对比，与人们对一个善良朴实的大块头的联想形成了反差。米勒长着‘诺曼底人那种说话慢吞吞的样子，而且还有一点口吃’。还有作家说：‘他讲话时略显犹豫不决，而且动作迟缓。’同生人坐在一起时，他显得沉默寡言，开口时斟酌着用词，用相当正式的方式表达自己，但态度却是‘热情诚恳与高贵矜持的混合’。然而，回到家里，或在朋友们中间，他又‘恢复了对人与事物的卓越判断，恢复了他的极好脾气和谈笑风生’。比埃达旺尔说他谈吐简明扼要，生动形象，常出乎人们的预料。威尔莱特也深为米勒的‘高贵气质和谈吐的严肃魅力’所感染，说：‘当他热衷于某个心爱的话题时，他会特别清晰而雄辩地一连谈上一两个钟头，表达方式也温文尔雅。’他也具有广博的知识和惊人的记忆力，这主要是受益于《圣经》、西奥克利托斯和维吉尔。米勒的衣着也极为简朴、随意。桑西埃在1847年刚同他结识时，发现他就像马车夫那样披着一件棕色的斗篷，戴着一顶羊毛帽子，看上去简直像个中世纪的画家。来到巴比松后，他穿得更加土气，仍旧套着一件发旧的红色紧身上衣或毛衣，短得连裤子也盖不住，腰部露出衬衣；经过日晒雨淋的旧草帽软塌塌的，变形的宽边像一口钟似的耷拉下来套在头上，脚上穿着一双沉重的木鞋。”

由此，我们可以看出米勒拥有一个典型的农民形象，他继承了他的父亲沉静、朴实、坚忍的品质，对事物有着自己的判断与坚持，知识广博，谈吐优雅，这些特质都影响了他的人生态度和艺术理念。

首先，米勒十分厌恶矫揉造作的、过分戏剧夸张的绘画，他对艺术的夸张倾向表现出极度的反感，甚至连剧院都让米勒感到不快，他说过：“《卢森堡画廊》使我对剧院很反感。对于男女演员的夸张做作、装腔作势和虚情假笑，我总是感到厌烦。虽然属于那个特殊领域的人我见得不多，但我确信，由于他们总在揣摩剧中人的品性如何，所以把自己的品格忘得一干二净了。他们仅仅根据自己作为演员的职能说话，因而失去了真实和自然，抛弃了常识和对造型艺术的最起码的鉴赏能力。所以，一个人如果想创造真实而自然的艺术的话，他就应该对剧院退避三舍。”米勒不热衷于绘画作品的形式表达，而是十分注重对具有精神境界层面的美的表达，他说：“要创造美，最重要的是那酝酿在胸怀中吐之方快的情操，并不是那些描绘的内容如何如何。”“艺术是大自然的产物，但是自从人类相信艺术本身是最高的目的时，就开始趋向颓废。……总而言之，想要表现非物质的东西时，唯一的途径是针对事物的外观做最确实的观察。在这种场合之下，面对着真实时，那些物质的虚伪都将返璞归真，不会仅有真实单独存在。”米勒十分强调真实和自然的感觉，这在他的绘画作品里我们可以很明显地看出这个特质。

下面，我们就来通过米勒于 1860 年创作的《喂食》一画来深度认识一下他强调“真实与自然”的特质。

快到中午时分，丈夫还在田地里劳作，操劳家务的妻子搬了个小板凳，盛好饭，喊了三个在院子中玩耍的孩子来吃饭：“要先把你们喂好，这样我就可以去田地里给你们的爸爸送饭啦，孩子们，快过来坐下，吃饭咯！”三个可爱的年幼的孩子蹦蹦跳跳地跑到妈妈身边，一屁股坐在高高的门槛上，像三只嗷嗷待哺的小鸟儿一样。母亲端着碗，把第一勺饭喂给了中间最小的孩子，引得旁边的孩子馋得不行，而远处我们依稀可以看见父亲正在田地里干农活。多么可亲可爱的画面啊！这不正是每个普通的农民家庭中太过常见的生活场景吗？米勒把这种真实的生活状态嵌入绘画艺术中，营造出一种诗意的生活气息。

其次，米勒具有一种认为事物永恒不变的信念，他不相信所谓科技的进步，也不抱着所谓对社会道德的进步的企求。米勒说过：“每个人应该做的是在他的专业中刻苦钻研并探寻进步。对我来说这才是唯一的道路。”他只是在静静地站在历史、站在现实的面前，安安稳稳地生活，踏踏实实地画画，将自己全部的生命都放入绘画中，对于外面的政治风云、社会变动、种种诱惑毫不动心，这使得人们在欣赏他的画时，也会有一种时光静止的错觉，太过静谧与纯粹，不需要也不能抱着任何企图去欣赏米勒的绘画作品。

《喂食》　米勒　1860 年　油画
法国里尔市立美术馆藏

因此，对政治一向漠不关心的米勒，从来都是那个纯粹绘画的米勒，他对那些把他的绘画作品解释成各种具有政治隐喻的做法感到十分愤怒："我的评论家们都是一些高雅和有教养的人，但我却不愿意处在他们的地位，况且我在一生中除了田野之外什么也没有见过。我只想把我看到的东西简单地描绘出来，并且尽我所能表现它们的本质。"

最后，米勒天生就是一个悲观主义者。"我是在忧郁的底子上长大的。"这是米勒在 1872 年时写下的句子。这种基督徒式的信仰，让米勒坚信痛苦是与生俱来的东西。1851 年，米勒写道："欢乐从不在我面前出现，我不知道它是何物。我从没见到过它。我所知道的最愉快的事情就是静谧和沉默。""在大地上，你看到那些人在又挖又刨地辛勤耕耘。你时时能见到其中某个人伸直腰，用手背擦去额头上的汗水。难道这就是某些人要我们相信的所谓'愉快而嬉戏般的'劳动吗？然而，在我看来，这才是真正的人类，这才是壮丽的诗篇。"然而，这种悲观并不是那种哭天抢地的呐喊，也不是心有忌惮的怨恨，米勒只是觉得生命从来都是苦难的，只是需要平静地面对苦难，他把苦难当作是一种生活的样子，他不想去改变它，他爱的就是生命这种最初的样子。他也把这种人生态度带进了他的绘画作品里。

正像米勒在 1854 年时所说的那样："我的创作思路就是表现劳动。每个人都命中注定要受到皮肉之苦的惩罚。'额头上汗水流淌才有面包吃'是千百年来的真理。命运一经注定就不会改变了。"米勒绘画的终极目的就是要表现农民劳动的痛苦与艰辛。但是米勒转而又指出："艺术的使命是传播爱，而不是煽起仇恨。所以表现穷人的痛苦时，只是为表现而表现，而不是在煽动对富人阶级的仇恨。""我们所描绘的能够表现出对自己地位的认可和对自己职务所承担的责任，这样就不可能认为我们怀有与自己的身份不相符的其他想法了。"所以，米勒的画里表现了太多受苦受难的农民，但是他的画里却从来都没有反抗的喧嚣，有的只是真实的美丽，而那种夸张了的美感毫无踪影。这和米勒具有虔诚的基督徒式的情怀有很大的关系，面对痛苦时，他的内心总是平静的、超然的，这使得米勒的绘画作品有一种宗教式的安宁之感。

高高的地平线，平坦而辽阔的草原，熙熙攘攘的羊群，一位年轻的牧羊姑娘独自伫立，身上披着厚重的毛毡，背对着羊群，逆着彩霞的光，独自编织着手上的毛衣。她微躬的体态与专注的神情，犹如祷告般虔诚。她织着衣物，内心有很多思绪在漂浮，她在想着明天的天气会不会好，自己的羊儿们会不会生病。就这样，牧羊姑娘安宁的与羊群日复一日、年复一年地相处着。米勒终于在1864年画出了这位牧羊姑娘，饱含宗教情怀的米勒在画中注入了对生命的虔诚与敬畏，静谧、安详……这幅创作于1864年的油画——《牧羊女》被认为是和《晚钟》具有相似的宗教式的安详感的作品。

罗曼·罗兰在《米勒传》中写道："因为他是属于农民的，他的一生从幼年到老死，不但过着辛苦的农夫生活，甚至持有农夫的热情与偏见——对土地强烈的爱与对巴黎和巴黎精神的厌恶。它不但能描写大地，也能耕作大地，一生以做一个农夫自豪……米勒的作品像一般人所悉，他的画是描绘人类在一年岁月里的操劳，是一篇篇田园诗。"

"我决不向人低头，也决不让人把巴黎沙龙艺术强加在我头上。我生为农民，也将以农民的身份而死。我将待在我自己的土地上，决不让出哪怕只有木鞋那么大的地方。"米勒一直从未忘记自己农民的身份，他一直在为农民绘画，为农民写诗……

《牧羊女》 米勒 1864年 油画
法国巴黎奥赛美术馆藏

对素描情有独钟

通过前面的介绍，我们已经对米勒的绘画作品有了一个比较完整的理解，不过，可能会留下一个印象，就是米勒最为著名也最为有价值的绘画作品几乎都是油画。其实不然，米勒的传世之作中数量更多的则是素描作品，一共有 2500 幅左右，这些素描作品包括速写、默写、创作稿等等。

根据我们现在所能够看到的所有米勒的绘画作品来看，会发现一个有趣的现象，那就是米勒的很多油画作品都有相应的很多幅非常相似的素描作品。比如，以米勒的著名油画《拾穗者》为例，目前存世的素描草图就有 20 余幅，从这些草图中，我们可以看到作者创作思想的变化与深化过程。这个有趣的现象说明，米勒在艺术上对自己的要求是十分严格的，同时还可以摸索出米勒的艺术创作方法：对于同一个题材，他往往先用素描来制作许多幅变体画，然后经过千锤百炼、精益求精，最终创作出一幅又一幅的油画杰作，同时这些素描作品本身也具有很大的艺术审美价值。

所以说，米勒对素描是情有独钟的，素描作品既是他油画创作的基础，为油画作品的创作积累了素材，同时，也由于这些素描作品本身所具有伟大的艺术价值，而获得了独立存在的意义，是世界素描艺术宝库中不可忽视的珍品。

米勒的素描创作历程和他的油画创作历程是相辅相成的，也可以分成三个发展时期：

在 1849 年之前，可以说是米勒绘画创作的摸索阶段。我们知道，米勒是以画肖像画开始成为一名画家的，这个阶段米勒的艺术成就当然主要是表现在肖像画的创作方面，以肖像画画家的身份从事艺术创作。1847 年，米勒创作了一幅素描，叫作《自画像》，顾名思义，就是自己画自己的肖像素描，标志着米勒创作素描作品的开始。此时，米勒已经意识到素描是很好的自我满足的途径，因为它摆脱了油画的约束，比油画更容易处理些，表达更加含蓄。米勒还为身边的人画素描肖像，比如创作于 1849 年的黑色蜡笔素描——《卡特琳娜·勒梅尔画像》就是米勒为自己的第二任妻子所画的肖像。这些素描肖像画不是用作绘画的素材，而是完成了的独立的艺术作品。这些用蜡笔或炭笔在稍稍有些蓝灰色或者浅黄色的纸上画的肖像画，展现了米勒在素描这种艺术表现手法上的娴熟技巧，虽然从构图上来看，这些肖像画是相当保守的，但是画家的精湛技巧亦是显而易见的。

此外，米勒还在这个阶段创作出一系列裸体画，相应的也有一些人体素描的创作。比如，米勒的《裸体女人》习作绘画了一位背对着的正在脱下上衣的裸体女人，据一些专家的意见，画中的这个模特可能就是米勒的妻子——卡特琳娜·勒梅尔。基于精确的观察，米勒用简洁明朗的笔触进行形体的勾勒，用铅笔深浅不同的颜色取得很强烈的体积感，线条优美而流畅，人体构造比例和谐，成功地刻画出脱衣服这一动态场景。

1849 年之后，米勒携家人离开了巴黎，来到巴比松定居，直至 1865 年，这一阶段是米勒绘画创作的全盛时期。巴比松时期的米勒彻底放弃了巴黎时期的裸体画的创作，潜心观察农民的日常生活和周围的农村田园风光，于是，米勒同样也在他的素描作品中展现出田园风景和农民生活场景。此时的米勒已经摆脱了任何的礼仪束缚，在他的绘画作品里没有一点儿的程式规范束缚的痕迹，在处理态度

《裸体女人》习作　米勒　黑铅笔素描
法国巴黎奥赛美术馆藏

和表达方式上呈现出新的面貌，他越来越注重风格和形体的简化，注重突出主题，充分表达出每一个姿态和每一个场景的深度和价值。

1851 年，米勒开始售卖自己的素描，以获得一些生活费用的补贴。1853 年，米勒的母亲去世。1854 年 6 月到 9 月，米勒携家人回到故乡格鲁齐，在处理完母亲的后事之后便从格鲁齐返回了巴比松，在那之后，米勒曾经给一位朋友写了一封信，信中表达了自己对于素描的看法：“我像一匹马那样干活，但我从来没有特意为某一个画画过素描，为了达到我理想中的意境，我尽可能地了解生活，我起先画过一些油画作品，但更重要的是我画了大约一百张速写，我跟你说过，我打算以后作画时，把它们全部用上，我在那儿住的时候，就像神经紧张的人。”在格鲁齐的家乡处理完祖母和母亲的后事之后，米勒为家中的房子和家中的亲人画了一张素描，以作纪念。素描上的人物穿的都是他们平时所穿的衣服，干的也是他们平时干的活儿——妹妹在纺车旁边纺纱，兄弟则正在工作台边干活。这些素描也成为米勒后来创作中的一些题材来源，增加了他储存的各种草图，以便将来作画时参考。米勒的一位友人在回忆中写道：“米勒在谈到自己时说，他不是一个记忆力过人的人，因此他得通过练习来培养自己的记忆力，这样至少可以克服记忆方面的困难。”可见，米勒杰出的绘画创作是离不开他的素描创作的，从素描写生到一幅油画作品的完成，记忆力能帮助米勒剔除不必要的细节，而只保留下其精神内核，因此米勒喜爱在室内进行创作而非实地写生。经过这样的一个提炼过程，米勒把实实在在的现实根据主观意识进行重新的改造，创造出具有艺术价值的现实。

这个阶段里，米勒素描作品的代表作有创作于 1852 年的《推独轮车的人》。米勒以素描《推独轮车的人》为创作素材，还创作了一幅腐蚀版画和一幅水彩画。这幅素描上面有一个农夫正推着一车粪，米勒用简洁的轮廓线勾勒出一个庄稼汉的身影，而独轮车和门口的影子则是用透明的隐线来表现的。《推独轮车的人》展现的是农村十分常见的劳动场景，或许其本身谈不上具有美感，然而正是因为米勒独特的艺术视角——他的杰作都是表现这些再普通不过的农村、农民生活的，让他的作品具有强烈的象征意义。正如梵高曾说过的那样：“在米勒的作品中，所有显示同时具有象征意义。”从中我们可以身临其境般地感受到农村生活的样子，深切地感悟到农民生活的状态，从这一幕幕平凡的图景中看到一个个不平凡的生命。

《推独轮车的人》 米勒 1852年 炭笔
法国巴黎奥赛美术馆藏

1866 年以后，这个阶段米勒的素描中更多的是风景画。1866 年，米勒的妻子勒梅尔生病了，于是他陪着妻子到维希温泉胜地治病，并在那里小住了一阵子，维希的美丽风景深深地感染了米勒。他在 1866 年 6 月写给桑西埃的信中说道："我决心尽可能地把农村景色画下来，因为在人物或动物方面，我什么也没画过。我很快就有 50 张了，我已经以某种准确性试画了一些人物和动物，我想将来会用得上的，到时候，不至于记忆模糊。"于是，在这个时候，米勒进行了大量的素描创作，并且放弃了黑色粉笔，而采用更加准确的钢笔来画素描。他不是那么地讲究光感的表现，而是注重风景的平面和结构的把握，笔触迅疾、简洁，用简单的形状甚至是几何图形来抓住树、山、水、房屋等的精髓。为了发挥这些素描的素材作用，米勒还在速写上标明颜色的名称，以保证他记住风景的基本色调。这些当场画下来的绘画笔记组成了一套出色的素描集。

第7章：“我是属于故乡的”

痛失最亲密的朋友

1867年的一天，米勒正在家中作画，突然外面传来朋友带有强烈哭腔的呼喊声，他赶忙跑出去，才知道原来是好朋友卢梭因为麻痹症被折磨得快要死了……

米勒冲到卢梭的家中，他看到卢梭正在地上痛苦地打滚，他赶紧抱起瑟瑟发抖的卢梭，而卢梭似乎快要不行了。米勒已经不知道该如何是好了，卢梭给了他多少生活的力量啊，老朋友就这样要抛下他独自先走了么？米勒嚎啕大哭，他摇晃着怀中奄奄一息的卢梭：“你不能死！不能抛下我一个人啊！你要是走了，我该怎么办？我该找谁一起去枫丹白露林作画？我该和谁不顾后果地为了该画亮一点还是该画暗一点争得面红耳赤，等到晚上又可以像什么事儿都没发生一样？我要是又穷得面包都没有，谁又会向我雪中送炭？卢梭，你快起来啊！”可是，等待米勒的只是卢梭咽下了最后一口气，留下一个渐渐冰冷的身躯……

站在卢梭的墓前，米勒泣不成声：“卢梭啊……你知不知道我是多么的孤独啊……你怎么可以这么狠心……让我独自一人面对余下的生命……你一个人在天堂也一定像我一样的孤独吧……我多么想有一天你会再次出现在我的面前……只是……这不可能了……我永远的朋友……卢梭……愿上帝保佑……愿你安息……”

卢梭去世之后，米勒曾经有很长的一段时间吃不下饭，也不爱说话，只是一个人坐在画室里，对着画板发呆很久很久……

正式获得官方认可

1867 年，法国巴黎承办世界国际博览会，会上展出了米勒的绘画作品——《拾穗者》、《晚钟》、《死神与樵夫》、《剪羊毛的妇女》、《牧羊人》、《羊群》、《种土豆的人们》和《收获土豆》共八幅作品。这是米勒人生中的第一次大型画展，当他走进会展大厅时，看着周围摆放的是自己的绘画作品时，米勒的眼眶湿了，有种想哭的冲动。他想起了在格鲁齐的田野里跟在爸爸后面干活的时光，他想起了在家中院子里的大树下画画的时光，他想起了躲在屋后的小山坡上看书的时光，他想起了在瑟堡市第一次正式上绘画课的时光，他想起了在巴黎街头迷失方向的时光，他想起了在卢浮宫里流连忘返的时光，他想起了自己的绘画作品第一次被官方沙龙展出的时光，他想起了在巴比松白天劳作晚上画画的时光……此时已经 53 岁的米勒想起了太多太多，他没有想到在有生之年，自己的画真的可以被官方正式接受，可以出现在国际博览会上。

国际博览会上画展的成功使得米勒名声大噪，人们都被米勒画中那种土地的力量和生命的真诚深深打动了。由于米勒在绘画上的突出贡献，以及美术评论家泰奥菲尔·西尔维斯特的大力举荐，不久之后，米勒即被政府授予荣誉军团“骑士称号”。

在米勒的晚年时期，他依旧继续创作，1868 年创作出《编织课》和《在纺车旁的女人》，1869 年创作的《杀猪者》却又再次遭到批判，被当作是原始现实主义的粗暴作品。批评家们如此批判这幅作品：“人在与绝望抵抗的猪的艰难而贪婪的搏斗中，人类所有古老的野蛮属性都复活了。”到了 1869 年的时候，法国凡尔赛博物馆购买了米勒的绘画作品——《哺育婴孩的妇女》，这是他的第一幅进入公共博物馆的绘画作品。在 1870 年这一年，米勒被同行选入官方沙龙评委会，从当年那个年轻的常常被官方沙龙拒绝的画家到如今成为沙龙的评委，这期间的坎坷、坚持与奋斗不言而喻。米勒于 1870 年向官方沙龙递交了他一生的最后两幅油画——《搅拌黄油的妇女》和《十一月》。

值得一提的是，晚年米勒的生活和艺术境遇都有很大的改善。他逐渐被官方和大众认可，名气渐渐大了起来，于是有更多的人愿意请他作画，比如在1868年，曾是卢梭主要庇护人的弗雷德里克·哈特曼委托米勒创作一套表现四季的系列画，酬金为25000法郎。还有更多的人愿意出高价钱购买米勒的画，比如有人以38500法郎的价格购买了米勒的《提灯的女人》，以25000法郎的价格收藏了米勒的《鹳鸟群》。那些依靠画粗俗的裸女画才能获得微薄收入的日子一去不复返了，米勒的绘画作品成为众多收藏家们中意的对象。

1870年，普法战争爆发，此时米勒已经携妻带子回到了瑟堡市。

米勒已经很久没有回瑟堡市了，这里的景象使得他回忆起那些第一次求学时的美好经历，想起敬爱的杜姆谢尔老师和朗格鲁瓦老师，想起自己的画第一次获奖时的喜悦。他现在又回到了这个充满美好回忆的地方，他想为瑟堡市做点什么，可以做什么呢？他只有用自己的画笔将心中最美的瑟堡市画下来，于是，他来到了这里，来到瑟堡市的海岸边，他要画瑟堡市的海，画瑟堡市的海水，画瑟堡市的海岸，画瑟堡市的海港，画瑟堡市的海上航船……

就在米勒刚勾出几笔素描的时候，“咚——咚——咚

——”的整齐的脚步声在他耳边渐渐清晰起来，似乎还有枪支的碰撞声，他感到十分惊愕，回头一看，果然是几个军装打扮的士兵朝他这里气势汹汹地走来：“你是谁？你在这里干什么？”

米勒赶紧解释道：“我只是一个画家，在这里画大海。”

其中一个士兵啐了一口痰，目露凶光：“呸！画家？画画？现在战争不断，还会有画家有闲情雅致在这里画画？我看你是普鲁士间谍吧！走！跟我走一趟！”

还没来得及解释，米勒就被押送到了当地的军队驻地，虽然后来经过盘查，他们将米勒释放了，但是他们仍旧告诫米勒不要随便在街道路边画画，否则他依旧会被再次抓回来，会被枪毙的。

这次经历，使得米勒对画画的兴致大减，祖国不断地发生战争、社会混乱、民不聊生，此外，米勒的名字还在1871年被巴黎公社列入公社的“艺术家协会”中去了，要知道米勒可是从来都不关心政治的，他痛恨政治，痛恨把他和他的绘画作品归入到任何一个阵营中去，这种种的灾难使得米勒的精神受到很大的打击。

巴黎公社，是一个存在于 1871 年 3 月 18 日（正式成立的日期为 1871 年 3 月 28 日）至 1871 年 5 月 28 日期间的短暂统治巴黎的政府组织。巴黎公社是世界上无产阶级武装暴力直接夺取城市政权的第一次伟大尝试，在国际共产主义运动历史篇章上写下了光辉而悲壮的一页。

为了缓解精神上的压力，米勒同朋友一起去旅行，他们回到了格鲁齐，看到物是人非的景象，米勒更加伤感，曾经的那些人们啊！你们现在在哪里啊？越是美好的回忆越是与不堪的现实形成残忍的对比，他的精神几近崩溃。在 1871 年 6 月 20 日，米勒写道："我觉得我的心脏在剧烈地颤动，让我简直受不了，那些已惯于越过大洋注视我的可怜巴巴的眼睛在哪里呢?"长期的劳累和精神的压力使得米勒的身体状况也越来越糟糕。

1871 年 11 月，米勒同家人一起回到了巴比松，这个时候米勒的身体状况已经十分不乐观了。1872 年，因为头痛和眼疾，使得米勒的神经功能发生紊乱，一度卧床不起。1873 年，米勒又因肺部感染而导致大出血。米勒自己似乎也感觉得到自己快要离开人世了，他写下了那种痛苦的感受：“我的咳嗽要了我的命。”

米勒已经不能下床走动了，每天都需要妻子喂药，他瘦得几乎只剩骨头了，不时地发出痛苦的呻吟声。妻子在一旁默默地看着这一切，她只有默默地哭，默默地为米勒祈祷，她不想丈夫再看到自己伤心不舍的样子，因为她知道米勒会心疼她，她只想丈夫能在自己的陪伴下平静地走过生命这段最后的日子……

1871 年至 1873 年，米勒创作出了较为特殊的一些表现了温馨家庭生活的作品，如《黄昏》、《生病的孩子》、《养鹅的小女孩》、《蹒跚学步》、《哄孩子入睡的母亲》等等。其中风景画在米勒的晚年创作中突显了出来，比如创作于 1871 年的油画《葛雷维尔的道路》，还有创作于 1871 年—1874 年的油画《葛雷维尔的教堂》等等。此外，创作于 1871 年—1874 年间的色粉画《雏菊花束》比较特殊，它是米勒的作品中罕见的静物画。我们可以试图想象这样一个美好而温馨的故事：

有一天，身体虚弱的米勒在妻子的陪伴下外出散步，他们手挽手走过乡间小路，来到小山坡，漫山遍野都是开得正盛的雏菊，就像花的海洋。雏菊的茎是细长细长的，花瓣是小小的一朵，成圆盘状，淡淡的黄颜色。风一吹，雏菊便在阳光下跳跃，远远望去，点点金色的光，清新而唯美。

妻子被这眼前的美景深深吸引住了，她温柔地对米勒说："亲爱的弗朗索瓦，你快看！那里的雏菊花多么美丽呀！你先在这里坐一下，我去那边采摘一些雏菊花带回家放在花瓶里，好不好？"

"好的，好的，你去吧，我坐在这里等你。"米勒拍了拍妻子挽在他胳膊上的手，爱怜地说着，"是啊，这雏菊花开得真是美，就像我亲爱的卡特琳娜一样美。"

妻子满脸是幸福的温暖笑容，带着一束美丽的雏菊花，挽着丈夫走在回家的路上。

到了家中，妻子让米勒先坐在院子里的躺椅上休息，她去拿了花瓶，在里面装上清水，把雏菊花束放进花瓶里，然后把花瓶放在了窗台上："亲爱的弗朗索瓦，你看这雏菊花多美啊！"妻子凑上去闻了闻，"嗯，真香啊！"

看着美丽的雏菊花和美丽的妻子，米勒的嘴角不禁上扬，此时此刻，在和煦的阳光下，米勒感到无比的温馨与幸福，他想把这一幕画下来，将这清新美丽的雏菊花画下来，将自己那像雏菊花一样纯洁美好的妻子画下来，于是，便有了这幅米勒的晚年代表作之一——《雏菊花束》。

《雏菊花束》这幅画把雏菊花瓶放在了画面正中央的位置，花瓶坐落于窗台上，花束的弧形与窗台的水平线形成了完美而和谐的构图。我们还需要注意到一点，就是在窗台的右边，有一个针线包，窗台右边的后方依稀可见一个女子的样貌，那应该就是米勒的妻子勒梅尔了。针线包的出现使得这幅静物画表现出浓郁的生活气息，同时也给画面增添了生活的真实感，而妻子的出现则将米勒对妻子的爱在无形中表达了出来。

1873 年，米勒完成了他这一生的最后一幅画——《春》。《春》是米勒受收藏家弗雷德里克·哈特曼的委托而创作的一套以四季为表现主题的系列作品中的第一幅，是纯粹的风景画。

这是一个雨后初晴的春日午后，米勒坐在画室里，铺好画纸，准备作画。一时间米勒还没有什么想法，于是他便走到门前，放松一下以便得到一些灵感。站在画室的门口，米勒向远处望去，那正是枫丹白露林的边缘，春日的森林绿意盎然，从米勒的角度来看枫丹白露林，就好像是

《雏菊花束》 米勒 1871年—1874年 色粉画
法国巴黎奥赛美术馆藏

一堵绿色的墙，嫩绿的春芽、修长的枝丫、错落的枝头彰显着生命的气息。森林前面是一片广阔而平坦的泥土地，由于刚刚下过雨，泥土还是湿润的，这片土地上绿草如茵，新生的树丫上零零星星的花朵活泼而美丽。米勒抬头向天空望去，刚刚下过雨的天空此时还散布着一些乌云的身影，一道灿烂的彩虹横空划过，放出七彩的光芒。多么美丽的雨后景色啊！瞬间灵感如泉涌般向米勒袭来，他自言自语道："对！就画这雨后的春日！因为经历过风雨，才更显得这美好春色的珍贵，显得这欣欣向荣的生命的珍贵！"于是，米勒赶忙回到画板前，拿起画笔，将刚刚脑海中深深印下的图景画了出来，成就了这幅《春》。

米勒在这幅风景画中使用了缤纷的色彩，嫩绿的森林、新绿的小草、深绿的大树、粉红的花朵、棕色的泥土地、粉紫色的天空、五彩的彩虹等等，构成了层次分明、色彩斑斓的图景，诗情画意，美不胜收。这幅画似乎受到了当时新的绘画流派的影响，追求对"光"和"色"的主观感受与表达，整幅画面显得十分多彩、明亮。我们知道米勒画过很多反映乡村农民艰苦生活的现实主义绘画，而像这幅《春》——用色鲜艳、笔法奔放，直接展现乡村生活中的美景却没有人物的出现，只是纯粹的风景题材的绘画

《春》　米勒　1868 年—1873 年　油画
法国巴黎奥赛美术馆藏

作品，还是不太多见的。米勒对乡村生活的深切的热爱在画中体现得淋漓尽致。

1874 年的一天，政府官员带来委托书，上面写道："请米勒先生为装饰先贤祠画八幅画，《亚当的奇迹》、《圣·让内维埃弗神龛的行列》，报酬 5 万法郎。"这是米勒获得官方认可的重要标志，他被邀请同彼埃尔·布维·德·夏凡纳等画家一起，为巴黎的先贤祠画描绘巴黎的庇护圣人圣·让内维埃弗生平的组画。

收到这份委托书时，米勒已经卧病在床，然而他却毫不犹豫地决定要接受这份任务，毕竟这来之不易。可是米勒的妻子勒梅尔极力劝阻米勒："我亲爱的弗朗索瓦啊！你的身体都这样了，你还想去画画？你不能对你自己的身体这样不负责任啊！"

看着妻子急得快要哭出来的脸，米勒既心痛又矛盾："我亲爱的卡特琳娜，我知道你是为了我好，可是这份委托意味着我的画正式得到官方认可了，我不能就这样轻易放弃啊……"

终于，米勒还是不顾病痛的折磨，接受了这份政府的委托。每一次米勒在工作的时候，妻子总是会在旁边照顾着，只要米勒的表情有一点点的变化，她就会心里一沉，赶忙问米勒是不是不舒服，而米勒尽管有的时候是真的有些不舒服，但是他还总是会给妻子一个大大的笑容，然后大声地说一句："我好着呢！怎么会不舒服！"他不想让这个陪他走了一辈子的女人再为他担心、难过、流泪。然而，米勒还是因为身体健康状况的恶化，最终没有完成这次创作，只是画了一些构思的草图便不得不遗憾地停笔了。

终于，这一天还是来了。1875 年的巴比松的冬天显得似乎要比往常冷很多，大地被冻得开裂，空气被冻得凝固，没有一丝的生气。一天午后，米勒躺在屋内，从窗口他看见有一头被猎狗长时间追逐的可怜的牡鹿来到他家的花园中，最终筋疲力尽而倒下了，还是被猎狗当作了美餐，悲哀地死去了。米勒恍惚间感觉到这就像是一个不好的征兆一般，或许，他就要像死去的牡鹿一样，离开这个世界了。1875 年 1 月 20 日，让·弗朗索瓦·米勒在家人的陪伴下平静地死去，永远地离开了这个苦难的、他却深爱着的世界……

米勒死后与好友卢梭一起埋葬在夏宜教会的墓地，这个教会就是米勒伟大的杰作——《晚钟》里作为背景的教堂，阵阵悠扬、宁静而深沉的钟声从教堂远远传来，或许，这里应该就是米勒那沉静、虔诚、淳厚的灵魂最好的归宿吧……

真正的农民画家永远不会逝去

米勒是法国近代史上最为人们爱戴的农民画家，他依靠泥土地而生，最后也安然地归于泥土地。米勒是一名真正的现实主义农民画家，他永远不会逝去，身体的死亡对于他来说只是一种形式，而他对泥土地的热爱、对乡村田园的留恋、对农民生存状态的真实自然感悟将永远留在人类艺术长河中，熠熠生光，从他的画中我们总能够感受到无穷的生命的力量。

那么，下面我们就从两位画家入手，简要谈谈他们的绘画艺术，从中我们将体会到米勒在绘画艺术上的造诣对后来画家和绘画艺术本身发展的影响与贡献。

首先是荷兰后印象派画家——文森特·威廉·梵高（1853—1890）。梵高是表现主义的先驱，并深深影响了20世纪的野兽派与德国表现主义艺术，代表作有《星夜》、

《播种者》　米勒　1850 年
油画　美国波士顿美术馆藏

《播种者》　梵高　1888 年　油画
荷兰奥特卢库拉·穆勒国立美术馆藏

《向日葵》、《乌鸦群飞的麦田》、《夜间露天咖啡馆》等等，他的绘画注重自我主观的感受表现，而不是再现视觉所见之物，梵高的画十分强调明亮的色彩的表达张力，他在画中努力地表现着生命体验与真实世界之间那种痛苦而又充满力量的关系。由于生活上和艺术上的巨大压力，1890 年 7 月 29 日，梵高因为精神崩溃，在美丽的法兰西瓦兹河畔结束了年轻的生命，年仅 37 岁。

1875 年米勒去世之后，举办过一次长达一个月的米勒画展，而梵高就是参观者之一，他被米勒的画深深地吸引住了，他感动、震撼于米勒的绘画艺术，之后，他有几幅画就是模仿米勒的画作进行自我创作的。

1888 年，梵高模仿米勒的《播种者》也创作出了一幅《播种者》。梵高的《播种者》采用了和米勒相同的题材，都是表现一个农夫在黎明到来之时，在田地里播种的劳作场景，与米勒的《播种者》所不同的是，梵高没有像米勒那样把农夫放在画面正中央的大块位置上，而是把农夫置于画面的右半部分；更大的不同在于梵高对色彩的运用，米勒的《播种者》整体色调是比较黯淡的，而梵高则使用明亮的黄色、蓝色进行强烈的对比，表现大块的田地、田地里的庄稼和初升的太阳。总体来说，梵高继承了米勒对农民生活的表达题材，不同的是，米勒更注重对农夫播种形态的真实刻画，而梵高似乎更加注重的是对色彩的感受。他用透视的视角，将画面空间向远方延伸，那个处在画面正上方的太阳放射出刺眼的光芒，吞噬了黑暗，宛若燃烧的生命之火。

梵高在1890年时创作了油画《第一步》，这幅画的构图几乎和米勒的《第一步》一模一样。画面都展现了一片农村的耕地，画面的背景是栅栏后面大树掩映下的一间农舍，画面的右边是一位农妇正在弯腰扶持着一个刚刚学走路的小女孩，小女孩向画面左边伸出稚嫩的双手，因为在左边是她的父亲——一位农夫正张开厚实的双臂鼓励小女儿勇敢地迈出第一步。

把梵高的《第一步》与米勒的《第一步》相比较来看，可以发现二者主要有三点不同：

首先，梵高的《第一步》用色要比米勒的鲜艳很多，多用蓝色、黄色和绿色，而米勒的《第一步》则仍然主要使用的是红、黄、蓝三原色。高明度的色彩以及更贴近自然界本身状态的颜色，让人更能感受到活跃的生命力，这与自印象派兴起开始，画家们极度注重光色的表现有关。

其次，梵高用弯曲旋转的笔触画大树、灌木和农作物，这是他成熟的绘画作品中常用的表现手法，具有明显的个人特征，增加了生气勃勃的气息。

最后，二者最大的不同可能就是米勒的画中人物神态比较安宁自然，浪漫主义的气息比较浓厚，而梵高的《第一步》中的农夫、农妇、孩子的面貌画得都比较丑陋，风景画得都比较粗硬，其实，这是与他们不同的生活经历有关的。我们知道米勒虽然生活穷苦，但是他毕竟拥有一个温馨幸福的小家庭，然而梵高却不拥有这样的家庭，梵高模仿米勒的作品，却无法模仿那份清苦生活中的温暖，因为在画外，梵高的生活太过缺少温暖了……其实我们还可以发现一点，那就是米勒一生中最亲密的朋友——卢梭，最后也是因为精神发疯而麻痹瘫痪的，米勒与他们一样，生活都是很贫穷和艰难的；然而米勒唯一与他们不同的是——他与苦难从来都是心平气和地和平相处，他毫不惊讶地接受苦难的现实，安贫乐道，甚至在他那些表现农民艰难生活的画面上连一丁点儿的抱怨、反抗的意味也找不到。

在1890年这一年，梵高还模仿了米勒的《午睡》。二者相比来看，除了梵高把米勒的《午睡》的画面方向水平翻转了180度之外，最为突出的差异应该就是二者色彩的不同表现了。关于色彩的表现差异，其实也是梵高所有模仿米勒的画中的共同差异之处。在梵高的画中，通过画家对强烈的、明亮的对比色彩的运用，我们似乎可以感受到梵高内心那份对生命的渴望与在痛苦的现实中挣扎之间的矛盾张力。

《第一步》　米勒　1858 年　粉彩画
美国俄亥俄州克利夫兰美术馆藏

《第一步》 梵高 1890 年 油画
美国纽约大都会博物馆藏

《午睡》　米勒　1866 年　粉彩画
美国麻州波士顿美术馆藏

《午睡》　梵高　1890 年　油画

法国巴黎奥赛美术馆藏

此外，梵高还模仿米勒的画创作了《吃土豆的人》等等，在模仿创作《吃土豆的人》之前，他曾写信给自己的弟弟提奥，信中写道：“我想在画布上表现这样一群人，他们那伸向饭锅里拿土豆的粗糙的手正是辛勤劳作以获得这些土豆的手。”梵高留下了大量的写给弟弟的信件，从这些信中的很多地方我们都可以看到他对米勒的崇尚，他说：“当我想不出题材来画时，我就模仿米勒的作品，这带给我很大的快乐。”

梵高死后，在 1898 年，法国奥赛美术馆还为米勒和梵高这两位跨越时间却产生心灵交流的伟大画家举办了一次特展。

第二位是西班牙超现实主义大师萨尔瓦多·达利（1904—1989），他在绘画艺术上也与米勒有着很深的渊源。达利被认为是 20 世纪最有代表性的画家之一，是一位具有非凡才能与想象力的艺术大师，他超越了现实主义，把在梦境中才会出现的主观世界变成一种不合情理的古怪的客观现实景象加以表现，探索潜意识里的意象。代表作有《记忆的永恒》、《面部幻影和水果盘》等等。

或许你会疑惑，这样一位特立独行的超现实主义的画家怎么会和现实主义画家米勒产生关系呢？其实，达利曾一再重复地使用米勒的《晚钟》的主题进行绘画创作。据说达利小时候在教会学校里读书时，有一次看到了教室的门上挂着米勒的《晚钟》，达利每次看到《晚钟》时，都会有一种说不出来的感伤，他被米勒的画深深打动了。于是后来，达利接连创作了《晚钟》、《米勒做晚祷的考古学追忆》和《卡拉与米勒的〈晚钟〉在圆锥变形前》这三幅使用米勒的《晚钟》为主题的画作。

《晚钟》　达利　1933 年—1934 年　油画
瑞士伯恩美术馆藏

《米勒做晚祷的考古学追忆》 达利 1933年—1935年 油画
美国佛罗里达州圣彼得堡达利美术馆藏

《卡拉与米勒的〈晚钟〉在圆锥变形前》 达利
1933 年 油画 加拿大渥太华国家画廊藏

达利说过："我与疯子的区别，就在于我不是疯子。"达利这个可以说是"半个疯子"的超现实主义大师，以米勒弥漫着沉静、虔诚气氛的《晚钟》为创作主题的来源，却创作出了与米勒风格完全不同的伟大作品。在达利的《晚钟》里，农民夫妻的脸变成了骷髅的样子，场景也不再是广阔的农田，而是坚硬的石头堆，从这幅画中我们感到一种恐惧、一种灵魂被压抑的感觉，尤其是农夫头上伸出来的一个堆满沉重货物的手推车，荒诞中表现着达利对农民痛苦生活的感触。而《米勒做晚祷的考古学追忆》这幅画中，达利把农民夫妻处理成如雕塑般的形象，在浓密的云朵中散落的阳光下高耸而立，从中我们不难看出米勒在达利心中的重要地位。至于这幅《卡拉与米勒的〈晚钟〉在圆锥变形前》，达利则是把米勒的《晚钟》作为画中画放在自己的这幅画的上方，画中木门的后面有一个幽灵般的鬼魅，似乎随时都有可能进来偷袭。在达利的画笔之下，米勒画中呈现给人的那种诗意安宁的田园风光和虔诚静默的农民形象荡然无存，取而代之的是激烈的疯狂的内心世界的展现。

此外，还有一件不得不提的事情，就是在2010年中国上海世博会法国国家馆中，米勒的《晚钟》作为法国国宝

2010 年中国上海世博会法国国家馆展出的米勒的《晚钟》

之一亮相，来自世界各地的参观者有幸一睹它的芳容。

“我是多么地渴望让那些欣赏我作品的人，能看到夜幕深垂时的恐惧与美妙，也能听到大地歌颂的沉默与战栗，我是多么希望能将宇宙万物化为眼睛所能见到的事物。”这是米勒先生生前对自己的创作的希冀。而如今，如果米勒先生看到自己的绘画作品如此为人们所喜爱、尊重、崇拜，那他一定会感慨万千吧，曾经不断被拒绝的绘画作品经受住了考验，时间最终证明了它们的价值。经过时间的洗礼，只有真正伟大的艺术家才不会随着岁月的流逝而被人们遗忘，反而只会愈发散发出灿烂夺目的光芒！

“他是以自己的全部力量创造典型，以自己所有的感情和思想，以自己所有强大的才能，献给这唯一伟大的审判者：大地母亲。一切从她那儿来，又回到她那里去，他以真正伟大的天才感动她，描绘她，这是他田园诗篇中真正的主人公。”

——罗曼·罗兰

附录：米勒年谱

1814年，让·弗朗索瓦·米勒于10月4日出生在法国诺曼底格鲁齐村的一个家道中厚的农民家庭里。

1833年，赴瑟堡市师从当地肖像画家邦·杜姆谢尔学习绘画。

1835年，在吕西安·泰奥费尔·朗格鲁瓦指导下学习绘画。

1837年，被巴黎美术学校录取，赴巴黎学习绘画。

1839年，第一次向官方沙龙画展递交作品《圣安娜教圣处女玛利亚学校阅读》，但被拒绝。

1840年，返回瑟堡市，以肖像画家的身份作画。

1841年，与波琳娜·维尔吉妮·奥诺结婚。

1844年，妻子波琳娜·米勒身患不治之症病逝。米勒返回瑟堡市。

1845年，邂逅未来的妻子和终身伴侣卡特琳娜·勒梅尔。之后返回巴黎定居。

1846年，开始了同贡斯当·特洛雍和纳尔西斯·迪亚兹的友谊，两者皆为比较成功的动物、风俗和风景画家。

女儿玛丽出生。

1847 年，创作《从树上被放下来的俄狄浦斯》（渥太华国家美术馆收藏），是米勒首次在沙龙获得的重大成功。次女路易丝出生。

1848 年，《簸谷者》（英国伦敦国家美术馆收藏），在卢浮宫美术馆展出，引起法国艺术家，尤其是现实主义题材画家们的关注。

1849 年，完成了国家订购的《收割者》（巴黎卢浮宫美术馆收藏）。儿子弗朗索瓦出生。6 月，举家离开巴黎，定居巴比松。

1850 年，女儿玛格丽特出生。作品《播种者》和《堆干草的人》（巴黎卢浮宫美术馆收藏）被沙龙接受。古斯塔夫 · 库贝尔展出《碎石工》和《奥尔南的葬礼》。

1852 年，当年的官方沙龙收取了米勒的画作《休息的收割者》。该画获得二级奖章，后被美国波士顿的马丁 · 布里默购走。母亲去世。

1854 年，在波士顿博物馆举行的第二十七届美术展上展出了米勒的画作《休息的收割者》（向布里默租用）。这是米勒在美国展出的第一幅油画。

1855 年，《嫁接树木的男人》（法国巴黎卢浮宫美术馆收藏）在巴黎万国博览会上展出。

1856 年，女儿艾米莉出生。

1857 年，儿子夏尔出生。

1859 年，《放牧母牛的妇女》在官方沙龙中展出，《死神与樵夫》（哥本哈根国立美术馆收藏）则被沙龙拒绝，但在一个朋友的画室中展出。女儿冉娜出生。

1861 年，儿子乔治出生。

1862 年，《种土豆的人们》由画商乔治·佩蒂展出，现藏波士顿美术博物馆。

1863 年，创作主要作品、油画《倚锄的男人》。女儿玛丽安娜出生，她是米勒的第九个也是最后一个孩子。

1864 年，被委托为巴黎的一幢别墅创作表现四季主题的大型装饰画。官方沙龙接纳米勒画作《农夫把一头在田野出生的牛犊抬回家》（芝加哥艺术学院收藏），但该画遭到猛烈抨击。沙龙同时接受的另一幅米勒的大型画作《牧羊女》（巴黎奥赛美术馆收藏）却受到一致好评，该画荣获一级奖章。

1865 年，建筑师兼艺术庇护人埃米尔·加维开始委托米勒创作彩色粉笔画，米勒为此创作了他一生中最伟大的素描和彩色粉笔画，并最终形成了一部共 90 幅的非凡的素描和彩色粉笔画画集。

1866年，游览维希温泉胜地。这一年及其后的两年夏天里，创作了大量描绘该地区的素描和水彩画。

1867年，在巴黎世界国际博览会上展出了《拾穗者》、《晚钟》和《种土豆的人们》等八幅作品。最亲密的朋友西奥多·卢梭去世。

1869年，凡尔赛博物馆购买米勒画作《哺育婴孩的妇女》，这是他的第一幅进入公共博物馆的画作。

1870年，被同行选入官方沙龙评委会。《搅拌黄油的妇女》和《十一月》（后被毁）是米勒递交给沙龙的最后两幅油画作品。

1871年，创作了静物画《雏菊花束》。

1872年，画商杜朗·鲁埃尔定期展出他的画作。主要画作在拍卖会上每幅售价1.5万到2万法郎。

1874年，接受委托为巴黎的先贤祠画描绘巴黎的庇护圣人圣·让内维埃弗生平的组画。此事是他得到官方承认的一个重要的标志。

1875年，米勒于1月20日逝世。5月10日—11日，米勒画室出售米勒作品。加维收集的米勒粉笔画卖出。随后举办了一个长达一个月的米勒画展。梵高是参观者之一。

米勒作品——《拾穗者》